APPRENDRE À TRADUIRE

**Cahier d'exercices pour l'apprentissage
de la traduction
français-anglais anglais-français**

Troisième édition revue et mise à jour

VALENTINE WATSON RODGER

APPRENDRE À TRADUIRE

Cahier d'exercices pour l'apprentissage
de la traduction
français-anglais anglais-français

Troisième édition revue et mise à jour

VALENTINE WATSON RODGER

Department of French
Huron University College
The University of Western Ontario

Canadian Scholars' Press Inc.   **Toronto   2004**

Apprendre à traduire: Cahier d'exercices pour l'apprentissage de la traduction français-anglais anglais-français, 3e édition revue
by Valentine Watson Rodger

First published in 2004 by
Canadian Scholars' Press Inc.
180 Bloor Street West, Suite 801
Toronto, Ontario
M5S 2V6

www.cspi.org

Canadian Scholars' Press gratefully acknowledges financial support for our publishing activities from the Government of Canada through the Book Publishing Industry Development Program (BPIDP).

National Library of Canada Cataloguing in Publication

Rodger, Valentine Watson, 1939-
        Apprendre à traduire : Cahier d'exercices pour l'apprentissage de la traduction français-anglais anglais-français / Valentine Watson Rodger. -- 3e édition revue et mise à jour.

ISBN 1-55130-254-3

        1. French language--Translating into English--Problems, exercises, etc.
2.   English language--Translating into French--Problems, exercises, etc.
3.   Translating and interpreting--Problems, exercises, etc. I. Title.

PC2498.R63 2004   428'.0241   C2003-907187-1

Cover designer: Linda Mackey

04   05   06   07   08   5   4   3   2   1

Printed and bound in Canada by AGMV Marquis Imprimeur, Inc.

Canadä

TABLE DES MATIÈRES

PRÉFACE DE LA TROISIÈME ÉDITION

Lors de la parution de la première édition de ce cahier d'exercices, on m'a reproché de ne pas l'avoir préfacée par une théorie de la traduction. Qu'on me permette de combler cette lacune. Pour moi, traduire, c'est exprimer dans la langue d'arrivée le message puisé dans le texte en langue de départ; et le faire aussi fidèlement que possible, en prenant soin de ne rien omettre, de ne rien ajouter. On peut également préciser que, pour bien exprimer le message dans la langue d'arrivée, il convient non seulement d'utiliser les ressources de cette langue, mais aussi de respecter sa syntaxe et son lexique, de choisir un niveau de langue qui corresponde aussi étroitement que possible à celui du texte que l'on traduit et, dans la mesure du possible, d'adopter un style qui reflète celui de l'original.

Que des notions comme celle des unités de traduction puissent aider le débutant, c'est une évidence; d'autant plus que celles-ci sont tout simplement les unités de syntaxe et de sens de chaque langue. Il est non moins évident, pourtant, que plus le texte en langue de départ sera difficile, plus la traduction, c'est-à-dire la réexpression du message, sera libre. Et si les unités de traduction joueront toujours dans cette réexpression très libre, il n'y aura plus aucune correspondance directe entre les unités de syntaxe de la langue d'arrivée et celles de la langue de départ. Car la traduction, on le sait, se fait au niveau des idées, et non au niveau des mots.

Cette nouvelle édition d'*Apprendre à traduire* a les mêmes buts que celles qui l'ont précédée, et vise le même public. Le monde a changé depuis 1990, la société a beaucoup évolué, la technologie aussi; nos préoccupations ne sont plus les mêmes. Les dix nouveaux exercices et les nombreuses nouvelles phrases que j'ai insérées dans les autres exercices reflètent ces changements. Par ailleurs, je me suis efforcée d'améliorer les explications qui précèdent certains exercices.

Puisque je suis anglophone, j'ai demandé à Mme Jacqueline Godet de bien vouloir relire tous les nouveaux éléments que j'apporte à cette troisième édition. Elle a su me fournir une aide très précieuse, voire indispensable, et je tiens à l'en remercier.

V.W.R.

PRÉFACE DE LA PREMIÈRE ÉDITION

Ce cahier d'exercices a pour but de familiariser l'étudiant avec des techniques simples et pratiques qui permettent de résoudre quelques-uns des problèmes les plus courants de la traduction français-anglais et anglais-français.

Les exercices visent également à améliorer les connaissances de l'étudiant dans les domaines du vocabulaire (surtout, mais non uniquement, du vocabulaire contemporain), de la syntaxe, de la grammaire et des niveaux de langue. J'espère que l'étudiant qui aura utilisé *Apprendre à traduire* sera donc préparé non seulement à mieux traduire mais aussi à mieux écrire et même à mieux parler.

Le cahier est destiné en premier lieu à l'usage des étudiants anglophones de troisième année dans les universités canadiennes, c'est-à-dire, d'un groupe de jeunes adultes qui ont fait quatre ou cinq années de français au niveau du secondaire et deux années au niveau de l'université, ou l'équivalent. Pour autant que je sache, à l'heure actuelle, il n'existe aucun autre cahier d'exercices qui réponde spécifiquement aux besoins de ce groupe.

Apprendre à traduire se prêtera pourtant bien à une utilisation ailleurs qu'au Canada: le français est celui de France, donc international, et l'anglais n'est pas uniquement celui du Canada: l'anglais britannique et américain sont bien représentés aussi.

Pour aider l'étudiant à maîtriser les techniques de traduction, certains types d'exercice paraissent à plusieurs reprises; pour l'aider à mémoriser le vocabulaire et à apprendre la grammaire, j'ai également eu recours à la répétition tout au long du cahier. Pourtant, les phrases à traduire, plutôt courtes et simples au départ, deviennent progressivement plus longues et plus difficiles.

Chaque section du cahier comporte un exercice de traduction français-anglais suivi d'un exercice anglais-français; les deux traitent soit le même problème soit deux problèmes analogues.

En tête d'exercice, sont exposés – brièvement et avec un recours minimum à la terminologie technique – le problème traité et la technique utilisée pour le résoudre. Là où c'est nécessaire, un modèle ou des exemples sont fournis pour guider l'étudiant.

Tous les exercices ont fait leurs preuves dans la salle de classe et ont subi par la suite les modifications qui semblaient souhaitables. Étant anglophone, j'ai pris la précaution de faire relire et, si nécessaire, corriger tous les exercices par Mme Marie-France Mignon, qui est francophone et diplômée de l'ISIT. Je tiens à lui exprimer ma reconnaissance: par ses rectifications, ses conseils et ses propositions, bref par son travail méticuleux et enthousiaste, elle a su me fournir une aide précieuse.

Je voudrais également remercier mes collègues, MM. Jean-Paul Brunet et Lane Heller, professeurs du département de français de l'University of Western Ontario, qui ont utilisé, pendant plusieurs années, une édition préliminaire de ce cahier. Je remercie aussi Mlle Sue-Anne Schroeder, qui a bien voulu corriger les épreuves, et tous ceux qui, comme elle autrefois, ont partagé dans ma salle de classe les peines et les plaisirs de la traduction. Je tiens enfin à remercier de façon toute particulière mon beau-frère, M. George L. Butts, qui a eu la grande amabilité de créer la couverture du cahier, et mon cher mari, le professeur Robert E. Butts, qui, par sa compréhension, son humour et son talent pour la cuisine, m'a permis de trouver le temps et la patience de publier *Apprendre à traduire*.

V.W.R.

REMARQUES SUR LES NIVEAUX DE LANGUE

Le classement des niveaux de langue adopté pour ce manuel est basé sur l'enseignement de M. Jean-Pol Caput avec qui j'ai eu le plaisir de suivre un cours de stylistique à l'Institut d'Études de phonétique et de linguistique (Paris III), dans le cadre d'un stage pédagogique en 1977.

NIVEAU	EXEMPLE ORAL	EXEMPLE ÉCRIT
Le français soutenu	Discours de réception à l'Académie française	Grevisse, *Le Bon usage* (Préface)
Le français soigné	Conférence faite par un professeur d'université	*Le Monde*
Le français standard	Les émissions *Culture et dépendances* et *Double Je*	Lettre d'affaires
Le français familier	Conversation courante des gens instruits L'émission *Douce France*	Lettres entre amis
Le français populaire	Conversation courante des gens non instruits	Mot laissé par la femme de ménage à la maîtresse de maison

Le désavantage d'un système de classement très fin, c'est qu'il est parfois difficile ou même impossible de décider à quel niveau appartient un exemple donné, surtout s'il s'agit d'une seule phrase.[1] C'est que le français standard peut empiéter sur la limite supérieure du français familier et sur la limite inférieure du français soigné.

Le français soutenu, qui se rencontre assez rarement et qui ne se parle pas vraiment (même l'exemple oral cité ci-dessus est un texte écrit dont on fait la lecture), a été écarté de ce cahier d'exercices. À quelques exceptions près, j'ai également évité le français populaire, qui ne s'écrit presque jamais et qui est caractérisé par l'incorrection et, assez souvent, la vulgarité. Je me suis intéressée presque exclusivement aux niveaux les plus utiles à l'étudiant.

V.W.R.

---

[1] Dans ce cas, j'indique les deux possibilités dans *Le Livre du maître*.

LA VALEUR DES TEMPS DU VERBE[2]

Le **présent** exprime:

    une action qu'on fait à l'heure actuelle:

        «Que fais-tu? — Je *lis*.»
        "What are you doing?" "I'*m reading*."

    une vérité générale:

        Quand le chat *est parti*, les souris *dansent*.
        When the cat's away, the mice *play*.

    un état de choses qui existe au moment où on parle:

        Il *fait beau* aujourd'hui.
        It'*s* a nice day.

    ou un état d'esprit qui existe au moment où l'on parle:

        Je *crois* que tu as raison.
        I *believe* you are right.

    Plus rarement, le **présent** peut également exprimer un futur proche:

        Attends un instant: je *viens*.
        Wait a minute: I'*m just coming*.

    ou, encore plus rarement, un passé récent:

        «Ton père est là? — Plus maintenant, il *part* à l'instant.»
        "Is you father there?" "No, he *just left* [a moment ago]."

Le **futur** exprime:

    une action future:

        J'*irai* en France l'année prochaine.
        I'*ll go* to France next year.

---

[2] Ce résumé provient en partie de mon manuel *Mieux traduire, mieux s'exprimer*, pp. 80-81 (Canadian Scholars' Press Inc., Toronto, 1997).

ou un état futur:

> Il *sera* bientôt trop tard.
> It *will* soon *be* too late.

Le ***futur*** peut également avoir la valeur d'un impératif poli:

> Marie, vous *donnerez* à manger aux enfants dès qu'ils auront faim.
> Marie, *please give* the children something to eat when they get hungry.

Il arrive aussi que le ***futur*** exprime une hypothèse:

> Elle n'est pas venue: elle *sera* malade.
> She didn't come: she *must be ill*.

Le ***futur antérieur*** exprime une action qui sera déjà achevée à un certain moment dans l'avenir:

> Demain, à cette heure-ci, tu *seras arrivé* à Rome.
> At this time tomorrow, you*'ll have arrived* in Rome.

Le ***conditionnel présent*** exprime:

une action qui pourrait avoir lieu si certaines conditions étaient remplies:

> Si tu venais me voir, je *t'aiderais*.
> If you came to see me, I *would help* you.

le futur du passé:

> Il a dit qu'il *viendrait* cet après-midi.
> He said he *would come* this afternoon.

Le ***conditionnel de politesse*** exprime, de façon discrète, une volonté ou un conseil:

> Je *voudrais* vous poser une question.
> (= Je veux vous poser une question.)

> Tu *ferais* mieux de te taire.
> (= Tu feras mieux de te taire.)

Le **conditionnel présent** sert aussi à exprimer:

une hypothèse, rapportée par celui qui parle, mais formulée par autrui, à propos d'une action ou état présent:

> À en croire la presse, l'acteur *serait* malade.
> (= La presse affirme que l'acteur est malade.)
> According to the press, the actor is ill.

L'**imparfait** exprime la durée dans le passé, d'habitude sans aucune délimitation temporelle spécifique.

L'**imparfait** exprime un état de choses passé:

> Ils *vivaient* en France à cette époque-là.
> They *were living* in France at that time.

un état d'esprit passé:

> Je *pensais* qu'il rentrerait bientôt.
> I *thought* he would soon come home.

une description dans le passé:

> La chaumière *était* toute petite.
> The thatched cottage *was* tiny.

une action passée habituelle:

> Je me *levais* chaque matin à six heures.
> I *used to get up* every morning at six o'clock.

Le **passé composé** exprime une action faite dans une période de temps qui n'est pas terminée, alors que le **passé simple**[3] exprime une action faite dans une période de temps qui est terminée:

> Ce matin, je me *suis levé* à six heures.
> This morning, I got up at six.

---

[3] Remarquez que le passé simple ne s'emploie jamais dans la conversation.

xiv

MAIS

Victor Hugo *naquit* en 1802.
Victor Hugo *was born* in 1802.

Le ***passé composé*** peut également exprimer une action achevée qui exerce une influence sur le présent:

Heureusement, le taux de l'inflation *a baissé* l'année dernière.
Luckily, the inflation rate dropped last year. (Le problème de l'inflation est donc moins grave à présent.)

Le ***passé simple*** est le temps de la narration dans le passé, et, dans les romans et les contes, c'est ce temps qui exprime la série d'actions qui forme l'intrigue:

Elle *se leva* à cinq heures et *réveilla* sa mère pour lui dire au revoir. «À bientôt, maman,» *dit*-elle, les larmes aux yeux.

Le ***plus-que-parfait*** exprime une action ou un état passé qui précède une autre action (ou parfois un autre état) passée:

Elle a pris le train de six heures trente; elle *s'était levée* à cinq heures.
She took the six-thirty train; she *had got up* at five.

Après une conjonction temporelle, le ***passé antérieur*** remplace le plus-que-parfait[4] dans le français écrit:

Dès que l'acteur *eut terminé* son monologue, le public applaudit.
When the actor *had finished* his soliloquy, the audience clapped.

C'est que le ***passé antérieur*** exprime une action passée qui précède *immédiatement* une autre action passée.

Le ***conditionnel passé*** exprime une action ou un état qui aurait pu exister si certaines conditions avaient été remplies:

---

[4] Sauf quand il s'agit d'une action passée habituelle qui en précède une autre: «Chaque fois qu'elle *était allée* au marché, elle nous rapportait des bonbons».

Si tu étais venu me voir, je *t'aurais aidé*.
If you had come to see me, I *would have helped* you.

Le **conditionnel passé** sert aussi à exprimer une hypothèse, rapportée par celui qui parle, mais formulée par autrui, à propos d'une action ou état passé:

L'acteur *se serait disputé* avec le metteur en scène.
(= On croit que l'acteur s'est disputé avec le metteur en scène.)
The actor *is believed to have quarrelled* with the director.

Les terminaisons du passé simple: aide-mémoire

1.   **Verbes en -er:**

      -ai, -as, -a, -âmes, -âtes, -èrent.

      EXEMPLE   *J'achetai, tu achetas, il acheta, nous achetâmes, vous achetâtes, ils achetèrent.*

2.   **Verbes en -ir,
      la plupart des verbes en -re,
      plus *asseoir*[5] et *voir* (et ses composés, sauf *pourvoir*):[6]**

      -is, -is, -it, -îmes, -îtes, -irent.

      EXEMPLE   *Je fis, tu fis, il fit, nous fîmes, vous fîtes, ils firent.*

      Exception: *tenir, venir* et leurs composés.[7]

3.   **Verbes en -oir (sauf *asseoir, voir*),
      plus *courir* et *mourir*
      et certains verbes en -re[8] (dont *boire, conclure, connaître, croire, croître, être, exclure, lire, moudre, paraître, plaire, résoudre, taire* et *vivre*):**

      -us, -us, -ut, -ûmes, -ûtes, -urent.

      EXEMPLES   *Il voulut, ils voulurent;
      il courut, ils coururent;
      il but, ils burent;
      il résolut, ils résolurent;
      il se tut, ils se turent.*

---

[5] Le participe passé *assis* vous rappellera que le passé simple commence par *je m'assis*.

[6] Au passé simple, *pourvoir* se conjugue: *je pourvus*.

[7] Ces verbes se conjuguent au passé simple de la façon suivante: *Je tins, tu tins, il tint, nous tînmes, vous tîntes, ils tinrent; il maintint; ils vinrent; elle convint; je parvins*, etc.

[8] Dans ce groupe de verbes, le passé simple ressemble au participe passé: *voulu, je voulus; couru, je courus; connu, je connus; su, je sus; exclu, j'exclus.* **EXCEPTION: *mourir: mort, je mourus.***

OUVRAGES À UTILISER AVEC CE CAHIER

Pour faire les exercices du cahier, l'étudiant aura besoin d'un dictionnaire français-anglais anglais-français, d'un dictionnaire unilingue français, d'un dictionnaire unilingue anglais et d'un manuel de grammaire française.

Les ouvrages suivants sont peut-être les plus utiles:

Atkins, Duval, Milne *et al.* *Collins-Robert French-English English-French Dictionary* (Unabridged) (Third Edition). London, Glasgow, Toronto: Collins, 1993.

Barber, Katherine (ed.). *The Oxford Canadian Dictionary.* Toronto, Oxford, New York: Oxford University Press, 1998.

Corréard, Marie-Hélène et Valerie Grundy. *The Oxford-Hachette French Dictionary.* Oxford, New York, Toronto: Oxford University Press, 1994.

Ehrlich et al. *The Oxford American Dictionary.* New York, Oxford: Oxford University Press, 1980.

Evans, Ivor H. (ed.). *Brewer's Dictionary of Phrase and Fable.* New York: Harper and Row, 1981.

Fowler, H.W. and F.G. Fowler. *The Concise Oxford Dictionary* (Fourth Edition). Oxford: Clarendon Press, 1959.

Grevisse, M. *Le Bon Usage* (9ème édition). Gembloux: Éditions J. Duculot, 1969.

Grevisse, M. et A. Goosse. *Nouvelle Grammaire française.* Troisième Édition. Louvain-la-Neuve: DeBoeck Duculot, 1995.

Petit Larousse illustré. Paris: Larousse, 1990.

Robert, P. *Le Petit Robert.* Nouvelle Édition. Texte remanié et amplifié sous la direction de Josette Rey-Debove et Alain Rey. Paris: Dictionnaires Le Robert, 2000.

BIBLIOGRAPHIE

1.   Dictionnaires bilingues

Atkins, Duval, Milne *et al. Collins-Robert French-English English-French Dictionary* (Unabridged). Third Edition. London, Glasgow and Toronto: Collins, 1993.

Corréard, Marie-Hélène et Valerie Grundy. *The Oxford Hachette French Dictionary.* Oxford, New York, Toronto: Oxford University Press, 1994.

Mansion, J.E. (ed.). *Harrap's New Standard French and English Dictionary.* London: Harrap, 1980.

2.   Dictionnaires unilingues français

Dictionnaire du français plus. Centre éducatif et culturel, Montréal, 1988.

Grand Larousse en 5 volumes. Dernière édition (revue et corrigée). Paris: Larousse, 1992.

Petit Larousse illustré. Paris, Larousse, 1990.

Robert, P. *Le Petit Robert.* Nouvelle Édition. Texte remanié et amplifié sous la direction de Josette Rey-Debove et Alain Rey. Paris: Dictionnaires Le Robert, 2000.

Robert, P. *Le Grand Robert de la langue française.* 2ème édition revue et augmentée. Paris: Dictionnaires Le Robert, 1986.

Trésor de la langue française du XIXe et du XXe siècle publié sous la direction de Paul Imbs. Paris: Éditions du C.N.R.S., 1971-1994.

3.   Dictionnaires unilingues anglais

Barber, Katherine (ed.). *The Oxford Canadian Dictionary.* Toronto, Oxford, New York: Oxford University Press, 1998.

Ehrlich *et al. The Oxford American Dictionary.* New York, Oxford: Oxford University Press, 1980.

Evans, Ivor H.(ed.). *Brewer's Dictionary of Phrase and Fable*. New York: Harper and Row, 1981.

Fowler, H.W. *A Dictionary of Modern English Usage* (Second Edition). Oxford, Clarendon Press, 1965.

Fowler, H.W., and F.G. Fowler. *The Concise Oxford Dictionary* (Fourth Edition). Oxford, Clarendon Press, 1959.

The Oxford English Dictionary. Second Edition. On Compact Disc. Oxford: Oxford University Press and AND Software, 1992.

4. *Manuels de grammaire*

Grevisse, M. *Le Bon Usage* (9ème édition). Gembloux: Éditions J. Duculot, 1969.

Grevisse, M. et A. Goosse. *Nouvelle grammaire française*. Troisième Édition. Louvain-la-Neuve: DeBoeck Duculot, 1995.

Mauger, G. *Grammaire pratique du français d'aujourd'hui* (Septième édition revue). Paris: Hachette, 1968.

5. *Ouvrages sur la traduction*

Ladmiral, Jean-René. *Traduire: théorèmes pour la traduction*. Paris: Gallimard, 1994.

Larbaud, Valéry. *Sous l'invocation de saint Jérôme*. Paris: Gallimard, 1946.

Lederer, Marianne. *La traduction aujourd'hui. Le modèle interprétatif*. Paris: Hachette, 1994.

Mounin, Georges. *Les problèmes théoriques de la traduction*. Paris: Gallimard, 1963.

Vinay, J.P. et J. Darbelnet. *Stylistique comparée du français et de l'anglais*. Montréal: Beauchemin, 1977.

Vinay, J.P. et J. Darbelnet. *Stylistique comparée du français et de l'anglais. Cahiers d'exercices n°s 1 et 2*. Montréal: Beauchemin, 1970.

6.   *Divers*

Bonk, Mary Rose and Regie A. Carlton (eds). *International Acronyms, Initialisms and Abbreviations Dictionary.* Detroit, Michigan: Gale Research, 1997.

Candel, D. *Dictionnaire de sigles.* Domaines économiques et sociaux. Réalisé avec le concours du CNRS. Institut national de la langue française, sous la responsabilité scientifique de Danielle Candel. Paris: La Maison du dictionnaire, 1992.

Elle.

Le Figaro.

Le Monde.

Le Monde. Édition internationale (Sélection hebdomadaire).

Phelan, E.C. (ed.) *The Globe and Mail Style Book.* Toronto, The Globe and Mail, 1981.

The University of Chicago. *The Chicago Manual of Style.* Fourteenth Edition. Chicago and London, The University of Chicago Press, 1993.

ABRÉVIATIONS

adj.	adjectif
adv.	adverbe
aux.	auxiliaire
Can.	canadien, au Canada
c.c.	complément circonstanciel
cf.	comparez
c.o.d.	complément d'objet direct
etc.	et cetera
É.-U.	américain, aux États-Unis
f.	féminin
fam.	familier
fig.	au sens figuré
f.plu.	féminin pluriel
G.B.	britannique, en Grande-Bretagne
intrans.	intransitif
litt.	littéraire
m.	masculin
m.plu.	masculin pluriel
n.	nom
n.f.	nom féminin
n.m.	nom masculin
p.	page
par *ex.*	par exemple
péj.	péjoratif
pop.	populaire
pp.	pages
PR	*Le Petit Robert*
qqch	quelque chose
qqn	quelqu'un
s.o.	someone
sthg	something
tr.	transitif
tr. indir.	transitif indirect
vbe	verbe
v. aux.	verbe auxiliaire
v. impers.	verbe impersonnel
v. intr.	verbe intransitif
v. tr.	verbe transitif

EXERCICE IA

Les unités de traduction

Traduire, c'est exprimer, dans la langue d'arrivée,[1] le message puisé dans le texte en langue de départ.[2]

Or, il est impossible d'atteindre ce but en traduisant mot à mot. Le plus souvent, le résultat est un non-sens: le message qu'on cherche à transmettre ne passe pas. Par exemple, l'équivalent anglais de l'expression *grand magasin* n'est pas *big shop*, mais *department store*; et *faire une croix sur qqch* correspond, non à *to mark a cross on sthg*, mais à *to write sthg off*.

C'est que ces expressions sont des unités de traduction, c'est-à-dire, des groupes de mots si étroitement liés qu'il est impossible de les séparer. Pour les traduire, il faut donc trouver, à l'aide d'un bon dictionnaire ou en puisant dans ses propres connaissances, l'unité qui y correspond dans la langue d'arrivée.

Plus spécifiquement, les unités de traduction sont les unités de syntaxe (et de sens) dont se compose la langue. Ces unités, étant les composants de chaque phrase, jouent autant dans l'expression orale et écrite que dans la traduction. Il est donc indispensable de les reconnaître – et de les respecter.

Il arrive qu'un seul mot soit une unité de traduction.

EXEMPLE: Malheureusement, elle est en retard.

        Unités de traduction:
              i. malheureusement (adverbe): unfortunately;
              ii. être en retard (locution verbale): to be late.

        Unfortunately, she is late.

Plus souvent, l'unité de traduction se compose de plusieurs mots.

Nous avons déjà vu que le nom et l'adjectif qui le qualifie peuvent former une unité de traduction.

EXEMPLE: un gros plan: a close up (au cinéma)
            le premier plan: the foreground

De même, le nom et son complément déterminatif forment une unité de traduction.

EXEMPLES: un plan: a plan, a project, a [geometrical] plane
            un plan de travail: a work surface (dans une cuisine)
            un plan de cuisson: a cook top
            un plan d'eau: a stretch of sheltered navigable water
            un plan de Paris: a street map of Paris
            un plan d'aménagement des sols: [a set of] zoning ordinances

---

[1] La langue d'arrivée: celle dans laquelle on traduit; en anglais: the target language.

[2] La langue de départ: celle qu'on traduit; en anglais: the source language.

2

Le verbe et sa structure forment une unité de traduction.

EXEMPLES: approcher qqch: to pull sthg towards one
s'approcher de qqn: to approach s.o., to go up to s.o.

plaindre qqn: to feel sorry for s.o.
se plaindre de qqn, de qqch: to complain about s.o., sthg

attendre qqn, qqch: to wait for s.o., sthg
s'attendre à qqch: to expect sthg
s'attendre à ce que + subjonctif: to expect sthg [to happen]

demander qqch à qqn: to ask s.o. sthg
demander à qqn de faire qqch: to ask s.o. to do sthg
demander à faire qqch: to ask to do sthg
se demander qqch: to wonder sthg

passer devant qqch: to walk or drive past sthg
passer qqch à qqn: to pass s.o. sthg; to lend s.o. sthg
passer pour qqch: to be believed to be sthg

La locution verbale[3] et sa structure forment également une unité de traduction.

EXEMPLES: avoir envie de qqch: to want sthg
avoir envie de faire qqch: to want to do sthg

avoir besoin de qqch: to need sthg
avoir besoin de faire qqch: to need to do sthg

mettre qqch en marche: to start [up] [an engine, a clock, etc.]
mettre qqch sous clé: to lock sthg away
mettre qqch au panier, à la poubelle: to throw sthg away
mettre qqch par terre: to put or set sthg down
mettre fin à qqch: to put a stop to sthg

Il va sans dire que l'idiotisme[4] est une unité de traduction.

EXEMPLES:

ne pas savoir sur quel pied danser: to not know what to do
avoir bon pied bon oeil: to be as fit as a fiddle
faire le pied de grue: to stand around waiting
faire des pieds et des mains pour [faire qqch]: to move heaven and earth in order to [do sthg]

La conjonction (ou locution conjonctive[5]) et sa structure forment aussi une unité de traduction.

---

[3] La locution verbale est formée d'un verbe suivi d'un nom, souvent sans article.

[4] *idiotisme* (n.m.): locution impossible à traduire littéralement dans une autre langue.

[5] La locution conjonctive est un groupe de mots qui remplit la fonction d'une conjonction.

EXEMPLES: lorsque [+ verbe à l'indicatif]: when [+ verbe à l'indicatif]
bien que [+ verbe au subjonctif]: although [+ verbe à l'indicatif]
au cas où [+ verbe au conditionnel]: in case [+ verbe à l'indicatif]

        Prends ton parapluie au cas où il pleuvrait.
        Take your umbrella in case it rains.

La préposition (ou locution prépositive[6]) et sa structure forment une unité de traduction.

EXEMPLES: devant [+ nom ou pronom]: in front of [+ nom ou pronom]
avant [+ nom ou pronom]: before [+ nom ou pronom]

        avant de [+ infinitif présent]: before [+ gérondif]

            Il est venu me voir avant de partir.
            He came to see me before leaving.

        après [+ nom, pronom ou infinitif passé]: after [+ nom, pronom ou gérondif présent ou passé]

            Après avoir résolu le problème, elle est partie.
            After solving (ou: After having solved) the problem, she left.

Nous avons déjà vu que l'adverbe peut être une unité de traduction quand il remplit la fonction de complément circonstanciel (de manière, de lieu, de moyen, etc.).

EXEMPLES: heureusement: fortunately, luckily[7]
vite: rapidly, quickly

Il en est de même de la locution adverbiale.[8]

        avec une grande gentillesse: very kindly
d'une voix rauque: in a hoarse voice
à toute vitesse: at top speed
en lieu sûr: in a safe place
en ville: downtown
à la main: by hand

Il arrive également qu'une phrase entière soit une unité de traduction. Par exemple, les proverbes sont des unités de traduction.

EXEMPLE: Un tiens vaut mieux que deux tu l'auras.
           A bird in the hand is worth two in the bush.

---

[6] La locution prépositive est un groupe de mots qui remplit la fonction d'une préposition.

[7] Mais non *happily* (qui correspond à *joyeusement*).

[8] La locution adverbiale est un groupe de mots qui remplit la fonction d'un adverbe.

4

Les maximes aussi.

EXEMPLE: Mieux vaut tard que jamais.
Better late than never.

Ce qu'on lit sur un écriteau ou un panneau est également une unité de traduction.

EXEMPLES: i.   Chien méchant.
Beware of the dog.

ii.   Défense expresse de stationner.
Mise en fourrière sans préavis.

No Parking Day or Night.
Illegally Parked Vehicles Will Be Towed.

REMARQUES sur l'utilisation des dictionnaires

i.   Quand on cherche, dans un dictionnaire français-anglais ou dans un dictionnaire unilingue français, une locution telle que *ne pas savoir sur quel pied danser*, on peut commencer par chercher à l'article *pied*; si la locution n'est pas classée sous *pied*, il faudra chercher à l'article *danser*. De même, quand on cherche la locution *faire le pied de grue*, on peut commencer par chercher à l'article *pied*; si la locution n'est pas classée sous *pied*, il faudra chercher de nouveau à l'article *grue*. La façon de classer les locutions varie selon les dictionnaires.

ii.   À l'heure actuelle, il y a, dans tous les dictionnaires anglais-français français-anglais, un certain nombre de fautes. Pour cette raison, il est prudent de vérifier, dans un dictionnaire unilingue français tel que *Le Petit Robert*, le sens de chaque mot ou locution que l'on ne comprend pas.

Dans l'exercice qui suit, relevez, dans chaque phrase, l'unité de traduction dans laquelle figure le mot-clé. Ensuite, traduisez la phrase entière. Pour trouver l'équivalent anglais de chaque unité de traduction, utilisez un dictionnaire anglais-français, plus, si nécessaire, un dictionnaire unilingue français.

MODÈLE

Mot-clé: plan (n.m.)

1.   Sur un plan de travail légèrement fariné, étalez la pâte au rouleau.

*Unité de traduction dans laquelle figure le mot **plan**:* plan de travail (nom + complément déterminatif)

Roll out the pastry on a lightly floured [pastry] board (ou: work surface).

2. Sur le plan de l'efficacité, cet emploi du temps laisse beaucoup à désirer.

    *Unité de traduction dans laquelle figure le mot **plan***: sur le plan de [+ nom] (locution adverbiale)

    From the point of view of efficiency, that time-table leaves a lot to be desired.

3. As-tu remarqué le gros plan du visage de Daniel Auteuil juste avant la fin?

    *Unité de traduction dans laquelle figure le mot **plan***: gros plan (nom + l'adjectif qui le qualifie)

    Did you notice the close-up of Daniel Auteuil's face just before the end?

4. J'avais oublié mon plan du métro à la maison, et je me suis trompé de direction.

    *Unité de traduction dans laquelle figure le mot **plan***: plan du métro (nom + complément déterminatif)

    I had left my subway map at home, and I went in the wrong direction.

5. Supposons, par exemple, une ligne AB qui intersecte le plan de l'équateur au point C.

    *Unité de traduction dans laquelle figure le mot **plan***: plan (nom, dans le contexte de la géométrie)

    Let us postulate, for example, a line AB that intersects the plane of the equator at point C.

I. **Mot-clé: TRAIN (n.m.)**

1. Deux géants de l'industrie pétrolière étaient en train de négocier une fusion.

    *Unité de traduction dans laquelle figure le mot **train***:

6

2. Trois personnes ont été légèrement blessées quand un train de marchandises a déraillé près de Montélimar.

    *Unité de traduction dans laquelle figure le mot **train**:*

3. Malgré les sanctions économiques, le dictateur n'a pas réduit son train de vie.

    *Unité de traduction dans laquelle figure le mot **train**:*

4. Du train où vont les choses, une dévaluation du rouble semble inévitable.

    *Unité de traduction dans laquelle figure le mot **train**:*

5. Cet écrivain n'a aucune originalité; il n'a fait que prendre le train en marche.

    *Unité de traduction dans laquelle figure le mot **train**:*

II. *Mot-clé: LIEU (n.m.)*

1. Le mariage de la princesse eut lieu dans la plus stricte intimité.

    *Unité de traduction dans laquelle figure le mot **lieu**:*

2. Il n'y avait pas lieu de croire que les bombardements de l'OTAN mettraient fin au conflit.

    *Unité de traduction dans laquelle figure le mot **lieu**:*

3. Avant de partir en vacances, elle mit ses bijoux en lieu sûr.

    *Unité de traduction dans laquelle figure le mot **lieu**:*

4. Il fait une thèse sur l'étymologie des noms de lieux de la région où il est né.

    *Unité de traduction dans laquelle figure le mot **lieu**:*

5. On leur fit subir l'alcootest sur les lieux de l'accident.

    *Unité de traduction dans laquelle figure le mot **lieu**:*

III. *Mot-clé: TABLEAU (n.m.)*

1. Je cherchai sur le tableau des départs le prochain train à destination de Lyon.

    *Unité de traduction dans laquelle figure le mot **tableau**:*

8

2. «J'ai trouvé ce petit portrait chez un marchand de tableaux de la Rive gauche,» dit-il.

*Unité de traduction dans laquelle figure le mot **tableau**:*

3. Un porte-parole de l'ONU avait brossé un tableau très pessimiste de la situation des réfugiés.

*Unité de traduction dans laquelle figure le mot **tableau**:*

4. Le maître demanda à un élève d'effacer le tableau noir avant de quitter la salle de classe.

*Unité de traduction dans laquelle figure le mot **tableau**:*

5. L'intrigue de ce roman est difficile à suivre sans un tableau généalogique.

*Unité de traduction dans laquelle figure le mot **tableau**:*

IV.   *Mot-clé: EMPLOI (n.m.)*

1. Depuis trois ans, nous donnons la priorité à la création d'emplois.

*Unité de traduction dans laquelle figure le mot **emploi**:*

2.   Elle décida de ne pas acheter le dictionnaire qu'on lui avait recommandé, estimant qu'il ferait double emploi avec ceux qu'elle avait déjà.

*Unité de traduction dans laquelle figure le mot **emploi**:*

3.   Il n'y a rien d'étonnant à ce que Depardieu ait joué Cyrano: avec son gros nez, il a la tête de l'emploi!

*Unité de traduction dans laquelle figure le mot **emploi**:*

4.   On lui a consenti un rabais sur l'humidificateur qu'elle voulait parce qu'il manquait le mode d'emploi.

*Unité de traduction dans laquelle figure le mot **emploi**:*

5.   À l'heure actuelle, les lycéens français se plaignent de leurs emplois du temps surchargés.

*Unité de traduction dans laquelle figure le mot **emploi**:*

EXERCICE IB

Les unités de traduction

On vient de voir, dans l'exercice précédent, qu'en traduisant, comme en écrivant et en parlant, il faut tenir compte des unités de syntaxe et de sens qu'on appelle couramment les unités de traduction.

Or, celles-ci jouent au moins autant dans la traduction anglais-français que dans la traduction français-anglais. Pour bien traduire, il faut commencer par s'habituer à tenir compte des unités de traduction – et il faut renoncer à traduire mot à mot.

C'est qu'en faisant du mot à mot, il est presque toujours impossible de bien exprimer, dans la langue d'arrivée, le message puisé dans le texte en langue de départ. Par exemple, si on traduit mot à mot une locution verbale telle que *to knock s.o. down*, on aboutit à un non-sens: ni *frapper* ni *en bas* ne figurent dans l'équivalent français: *renverser qqn*. Les noms composés anglais posent également un problème pour ceux qui ne comprennent pas que ce sont des unités de traduction. Par exemple, l'équivalent français du nom *mailman* (ou *postman*), c'est *facteur*; traduire les éléments *post* (courrier) et *man* (homme) ne nous avance pas du tout.

Comment identifier les unités de traduction?

En anglais, comme en français, le verbe et sa structure forment une unité de traduction. Les étudiants anglophones ont tendance à oublier que le verbe français qui correspond à chaque verbe anglais a sa propre structure qui n'est pas forcément parallèle à celle de l'anglais.

EXEMPLES: to look at s.o.: regarder qqn
            to listen to s.o., sthg: écouter qqn, qqch
            to pay for sthg: payer qqch

            to buy sthg from s.o.: acheter qqch à qqn
            to steal sthg from s.o.: voler qqch à qqn
            to take sthg   (from [a pocket]: prendre qqch dans [une poche]
                            (from [a shelf]: prendre quelque chose sur [une étagère]

La locution verbale et sa structure forment également une unité de traduction.

En anglais, la locution verbale se compose souvent d'un verbe et d'un adverbe.

EXEMPLES: to go out: sortir
            to go in: entrer
            to go away: partir
            to go down, to go downstairs: descendre
            to go up, to go upstairs: monter

La locution verbale anglaise peut même se composer d'un verbe suivi d'un adverbe et d'une préposition.

EXEMPLES: to go up to s.o., sthg: s'approcher de qqn, de qqch
            to go away from s.o.: quitter qqn

La locution verbale anglaise peut également se composer d'un verbe et d'un adjectif.

EXEMPLES: to grow old: vieillir
                to grow up: grandir

                to get angry [with s.o.]: se fâcher [contre qqn]
                to get fat: grossir

                to turn red: rougir
                to turn pale: pâlir

Comme en français, la locution verbale peut se composer d'un verbe accompagné d'un nom.

EXEMPLES: to spend time doing sthg: passer du temps à faire qqch
                to waste time doing sthg: gaspiller du temps à faire qqch
                to devote time to doing sthg: consacrer du temps à faire qqch

                to make a decision: prendre une décision
                to take offence: s'offusquer
                to pay attention [to s.o., sthg]: faire attention à qqn, à qqch

Il va sans dire que l'idiotisme est une unité de traduction.

EXEMPLES: to sit on the fence: ménager la chèvre et le chou (ou: s'abstenir de prendre parti)
                to mend one's fences: veiller à ses intérêts en se réconciliant avec ses adversaires

                It's six of one and half a dozen of the other.
                (C'est du pareil au même.
                (C'est blanc bonnet et bonnet blanc.
                (Cela revient au même.

Le nom et son complément déterminatif (souvent un autre nom employé adjectivement qui précède le nom qu'il qualifie) forment une unité de traduction.

EXEMPLES: a summer dress: une robe d'été
                an evening dress: une robe du soir

                a swimming pool: une piscine
                a wading pool (É.-U., Can.), paddling pool (G.B.): une pataugeoire

                a hair dryer: un sèche-cheveux
                a [clothes] dryer: un sèche-linge (Fr.), une sécheuse (Can.)

                a gas stove: une cuisinière à gaz
                an electric stove: une cuisinière électrique
                a wood-burning stove: un poêle

Nous avons déjà vu que le nom composé est une unité de traduction.

EXEMPLES: a raincoat: un imperméable
                a swimsuit (ou bathing suit): un maillot de bain
                a nightgown: une chemise de nuit

Comme en français, la locution adverbiale est une unité de traduction.

EXEMPLES: in the late afternoon: en fin d'après-midi
in late February: vers la fin [du mois de] février
in the suburbs: en banlieue
in an undertone: à voix basse

Il arrive aussi qu'une phrase entière soit une unité de traduction. Les proverbes et les maximes sont des unités de traduction.

EXEMPLES: Practice makes perfect. (proverbe)
C'est en forgeant qu'on devient forgeron.

There's no place like home. (maxime)
On n'est vraiment bien que chez soi.

Ce qu'on lit sur les écriteaux et les panneaux est également une unité de traduction.

EXEMPLES: Dress Code in Effect
Tenue correcte exigée

Entrer sans fumer
Smoke-free Zone

REMARQUE sur l'utilisation des dictionnaires

L'anglais des dictionnaires anglais-français français-anglais est, le plus souvent, celui d'Angleterre, ce qui crée des difficultés pour les anglophones nord-américains. Cependant, en cherchant soit dans l'*Oxford Canadian Dictionary* soit dans l'*Oxford American Dictionary* une définition anglaise du mot ou de la locution qu'on cherche à traduire, on parvient souvent à résoudre le problème. Par exemple, une fois qu'on a établi que, dans la langue des jeunes, *space cadet* a pour synonyme *drug addict*, trouver l'équivalent français (drogué n.m.) ne pose plus le moindre problème.

Dans l'exercice qui suit, relevez l'unité de traduction dans laquelle figure le mot-clé. Ensuite, traduisez la phrase.

MODÈLE

Mot-clé: END (n.)

1.   It's unpleasant to fail an exam, but it's not the end of the world.

*Unité de traduction dans laquelle figure le mot **end**:* to be the end of the world (locution verbale qui s'emploie au sens figuré)

Il est désagréable d'échouer à un examen, mais ce n'est pas la fin du monde (ou: ce n'est pas une catastrophe).

2.	In 1998, some parts of Québec were without power for weeks on end.

	*Unité de traduction dans laquelle figure le mot **end***: for weeks on end (locution adverbiale)

	En 1998, certaines régions du Québec furent privées d'électricité pendant plusieurs semaines d'affilée.

3.	NATO was seeking to put an end to the persecution of the Albanians in Kosovo.

	*Unité de traduction dans laquelle figure le mot **end***: to put an end to [sthg]

	L'OTAN cherchait à mettre fin à la persécution des Albanais du Kosovo.

4.	No matter what people say, the end does not always justify the means.

	*Unité de traduction dans laquelle figure le mot **end***: the end justifies the means (maxime; ici au négatif)

	On a beau dire, la fin ne justifie pas toujours les moyens.

5.	After initially opposing the measure, he gave his consent in the end.

	*Unité de traduction dans laquelle figure le mot **end***: to do sthg in the end (locution verbale) ou in the end (locution adverbiale)

	Après s'être opposé d'emblée à la mesure, il finit par donner son consentement (ou: il donna enfin son consentement).

## I.	Mot-clé: TIME

1.	That child should spend more time reading and less time watching the cartoons on TV.

	*Unité de traduction dans laquelle figure le mot **time**:*

2.	Listen, I'm in a hurry: this is not the time to loiter.

	*Unité de traduction dans laquelle figure le mot **time**:*

3.   It's not the first time he's done it, and it certainly won't be the last.

   *Unité de traduction dans laquelle figure le mot **time**:*

4.   She has been working part-time since the baby was born.

   *Unité de traduction dans laquelle figure le mot **time**:*

5.   In that case, it's not surprising they are never on time.

   *Unité de traduction dans laquelle figure le mot **time**:*

II.   *Mot-clé: MIND*

1.   I've a good mind to tell your mother what you did to me!

   *Unité de traduction dans laquelle figure le mot **mind**:*

2.   She told me she can't get it out of her mind.

   *Unité de traduction dans laquelle figure le mot **mind**:*

3. "You must be relieved..." "Yes, it's a load off my mind!"

    *Unité de traduction dans laquelle figure le mot **mind**:*

4. Filmmakers have to bear in mind what their audience wants.

    *Unité de traduction dans laquelle figure le mot **mind**:*

5. You'll never convince my father: he has a closed mind on that subject.

    *Unité de traduction dans laquelle figure le mot **mind**:*

III. *Mot-clé: MATTER*

1. "What about the income tax?" "That's a different matter!"

    *Unité de traduction dans laquelle figure le mot **matter**:*

2. For the crew, it was a matter of life and death.

    *Unité de traduction dans laquelle figure le mot **matter**:*

3. No matter what the papers may say, I'm sure he's innocent.

   *Unité de traduction dans laquelle figure le mot **matter**:*

4. Mind your own business; you'll only make matters worse.

   *Unité de traduction dans laquelle figure le mot **matter**:*

5. "What's the matter with her?" "Nothing much; why?"

   *Unité de traduction dans laquelle figure le mot **matter**:*

IV. Mot-clé: WAY

1. It's a pity Vancouver is such a long way from Paris.

   *Unité de traduction dans laquelle figure le mot **way**:*

2. The way things are going, it will soon be impossible to do without a computer.

   *Unité de traduction dans laquelle figure le mot **way**:*

3.   The police officer asked if I had seen which way they went.

      *Unité de traduction dans laquelle figure le mot **way***:

4.   On the way back, we can have lunch at that nice little restaurant near the cathedral.

      *Unité de traduction dans laquelle figure le mot **way***:

5.   In a way, I think he was right to refuse to explain to the press.

      *Unité de traduction dans laquelle figure le mot **way***:

EXERCICE IIA

Les unités de traduction (suite)

Si nécessaire, relisez l'introduction de l'exercice IA avant de commencer.

Utilisez un bon dictionnaire français-anglais et un dictionnaire unilingue français.

MODÈLE

Mot-clé: DEVOIR: to owe s.o. sthg, to owe sthg to s.o.; (verbe auxiliaire) to have to or be supposed to [do sthg]

1.   Tu as failli tomber! Tu devrais être plus prudent.

        Unité de traduction dans laquelle figure le mot-clé: devoir (verbe auxiliaire) au conditionnel présent + infinitif, exprimant une suggestion

        You almost fell! You should be more careful.

2.   Notre enfant doit la vie à ce jeune homme courageux.

        Unité de traduction dans laquelle figure le mot-clé: devoir qqch à qqn: to owe s.o. sthg, to owe sthg to s.o.

        Our child owes his (or: her) life to that brave young man.

3.   J'entends sonner: ce doit être le facteur.

        Unité de traduction dans laquelle figure le mot-clé: devoir (verbe auxiliaire) au présent + infinitif, exprimant une supposition

        (I hear the doorbell: it must be the mailman. (É.-U.)
        (I hear someone at the door: it must be the postman. (G.B., Can.)

4.   Vous auriez dû l'avertir du danger.

        Unité de traduction dans laquelle figure le mot-clé: devoir (verbe auxiliaire) au conditionnel passé + infinitif, exprimant un reproche

        (You should have warned him of the danger.
        (You ought to have warned her of the danger.

5.   Le vol n° 1213 en provenance de New-York qui devait atterrir à 16 h 10 aura 20 minutes de retard.

Unité de traduction dans laquelle figure le mot-clé: devoir (verbe auxiliaire) à l'imparfait + infinitif, exprimant ce qui était prévu

Flight 1213 from New York, scheduled to land at 4.10 p.m., will be 20 minutes late.

Dans l'exercice qui suit, indiquez d'abord les principaux sens du verbe en tête de chaque partie. Ensuite, avant de traduire chaque phrase, relevez l'unité de traduction dans laquelle figure ce verbe.

I.   *Mot-clé: JOUER*:

1.   En écoutant sa cliente, l'avocat jouait avec ses lunettes.

Unité de traduction dans laquelle figure le mot-clé:

2.   Nos enfants jouent au baseball en été et au hockey en hiver.

Unité de traduction dans laquelle figure le mot-clé:

3.   Quand j'étais jeune, je jouais du piano; mais depuis des années je n'ai plus le temps.

Unité de traduction dans laquelle figure le mot-clé:

4.   En jouant des coudes, il réussit à se frayer un chemin à travers la foule.

Unité de traduction dans laquelle figure le mot-clé:

5. Tu te montres trop désinvolte avec tes clients: ça te jouera un mauvais tour un de ces jours.

Unité de traduction dans laquelle figure le mot-clé:

II. *Mot-clé: PRENDRE:*

1. «Malheureusement, le prix est trop élevé pour mon budget…» Il haussa les épaules. «C'est à prendre ou à laisser.»

Unité de traduction dans laquelle figure le mot-clé:

2. «Aux États-Unis, les cadres supérieurs ont rarement la possibilité de prendre un mois de vacances d'affilée,» expliqua-t-il.

Unité de traduction dans laquelle figure le mot-clé:

3. Il la prit par la taille. «Si on rentrait?» Elle lui sourit. «Dans dix minutes.»

Unité de traduction dans laquelle figure le mot-clé:

4. «C'est la décision la plus difficile que j'aie jamais prise,» dit-elle.

   Unité de traduction dans laquelle figure le mot-clé:

5. J'ai dû recommencer ma dissertation parce que je m'y étais mal pris la première fois.

   Unité de traduction dans laquelle figure le mot-clé:

III. *Mot-clé: SENTIR:*

1. «Ça sent le brûlé ici... — Ce n'est rien: je viens de faire rôtir des poivrons.»[1]

   Unité de traduction dans laquelle figure le mot-clé:

2. Les effets de cette nouvelle politique se feront sentir dans quelques mois.

   Unité de traduction dans laquelle figure le mot-clé:

---

[1] Dans ce texte, j'omets, faute de place, l'alinéa qui, normalement, sépare les deux répliques d'un dialogue.

22

3.	En sentant une main lui effleurer le front, elle ouvrit les yeux.

Unité de traduction dans laquelle figure le mot-clé:

4.	«Tu es toujours enrhumé? — Oui, mais je me sens nettement mieux aujourd'hui.»

Unité de traduction dans laquelle figure le mot-clé:

5.	Si vous sentez un courant d'air, vous n'avez qu'à me le dire et je fermerai la fenêtre.

Unité de traduction dans laquelle figure le mot-clé:

## IV.	*Mot-clé: COMPTER*:

1.	Pour faire ce risotto, comptez 50 g de riz et 100 g de champignons par personne.

Unité de traduction dans laquelle figure le mot-clé:

2.	«Il faut compter combien pour faire nettoyer ce manteau, s'il vous plaît?» demanda-t-il.

Unité de traduction dans laquelle figure le mot-clé:

3.   La France métropolitaine[2] comptait 56,8 millions d'habitants en 1991.

Unité de traduction dans laquelle figure le mot-clé:

4.   Quand on a besoin d'aide, on peut toujours compter sur eux.

Unité de traduction dans laquelle figure le mot-clé:

5.   À quatre ans, son petit-fils savait déjà compter jusqu'à dix en français, en anglais et en espagnol.

Unité de traduction dans laquelle figure le mot-clé:

---

[2] La France, sans compter ses départements et territoires d'outre-mer.

EXERCICE IIB

Les unités de traduction (suite)

Dans cet exercice, indiquez d'abord les principaux sens du verbe en tête de chaque section. Ensuite, avant de traduire chaque phrase, indiquez l'unité de traduction dans laquelle figure ce verbe.

Utilisez un bon dictionnaire anglais-français et un dictionnaire unilingue français.

MODÈLE

TO WRITE: écrire

1. The doctor wrote her a prescription.

   Unité de traduction dans laquelle figure le mot-clé: to write a prescription for s.o.: rédiger une ordonnance à qqn

   Le médecin lui a rédigé une ordonnance.

2. They'll write the exam in May.

   Unité de traduction dans laquelle figure le mot-clé: to write an exam (an examination): passer un examen

   Ils passeront l'examen au mois de mai (ou: en mai).

3. My uncle writes; he has published a novel.

   Unité de traduction dans laquelle figure le mot-clé: to write (= to be a writer): être écrivain

   Mon oncle est écrivain; il a publié un roman.

4. She wrote him a long letter.

   Unité de traduction dans laquelle figure le mot-clé: to write s.o. a letter: écrire une lettre à qqn

   (Elle lui a écrit une longue lettre.
   (Elle lui écrivit

5. That's a good idea: write it down for me.

   Unité de traduction dans laquelle figure le mot-clé: to write sthg down: mettre qqch par écrit

   C'est une bonne idée: mettez-la-moi par écrit.

I. Mot-clé: *TO DRIVE*:

1. When I saw her, she was driving her mother's car.

   Unité de traduction dans laquelle figure le mot-clé:

2. If you like, I can drive you home.

   Unité de traduction dans laquelle figure le mot-clé:

3. We drive to the office every day.

   Unité de traduction dans laquelle figure le mot-clé:

4. The indigenous population was driven out of the country in the fifteenth century.

   Unité de traduction dans laquelle figure le mot-clé:

5. I didn't understand what he was driving at.

   Unité de traduction dans laquelle figure le mot-clé:

II.   *Mot-clé: TO TELL:*

1.   "She shouldn't have said that…" "You have to tell it like it is!"

Unité de traduction dans laquelle figure le mot-clé:

2.   I explained that the witness had told a lie.

Unité de traduction dans laquelle figure le mot-clé:

3.   When I arrived, she was telling her children a story.

Unité de traduction dans laquelle figure le mot-clé:

4.   "I got told off!" "Serves you right!"

Unité de traduction dans laquelle figure le mot-clé:

5.   Young people have to learn to tell right from wrong.

Unité de traduction dans laquelle figure le mot-clé:

III.   Mot-clé: TO STAND:

1.   "I need to know where I stand. And I need to know right now."

      Unité de traduction dans laquelle figure le mot-clé:

2.   You can stand the mirror over there against the wall.

      Unité de traduction dans laquelle figure le mot-clé:

3.   My father can't stand the heat.

      Unité de traduction dans laquelle figure le mot-clé:

4.   He stood aside to let us pass.

      Unité de traduction dans laquelle figure le mot-clé:

5.   The patient was too weak to stand up.

      Unité de traduction dans laquelle figure le mot-clé:

IV. *Mot-clé: TO RUN*:

1. Unfortunately, this bus doesn't run on Sundays.

   Unité de traduction dans laquelle figure le mot-clé:

2. "I'd like to talk to you…" "Sorry, not now: I've got to run."

   Unité de traduction dans laquelle figure le mot-clé:

3. When I heard the baby crying, I ran up the stairs.

   Unité de traduction dans laquelle figure le mot-clé:

4. "It's a very well-run business," she said.

   Unité de traduction dans laquelle figure le mot-clé:

5. She explained that the train was running late, as usual.

   Unité de traduction dans laquelle figure le mot-clé:

EXERCICE IIIA

Les niveaux de langue

Avant de lire ce qui suit, étudiez le schéma des niveaux de langue (page x).

Les niveaux qui nous concernent directement sont: le français soigné, le français standard et le français familier, c'est-à-dire, les trois niveaux utilisés couramment par les Français instruits, selon la situation dans laquelle ils se trouvent.

Le français soigné est, le plus souvent, écrit. C'est le français de la thèse ou de la dissertation; le français du quotidien *Le Monde* est également soigné la plupart du temps. Un professeur qui fait un cours magistral s'exprime en français soigné; le texte du journal télévisé appartient aussi à ce niveau. Le français littéraire ne se distingue du français soigné que par la recherche de l'originalité.[1]

Le français standard peut être oral ou écrit. C'est le français de la salle de classe, des réunions d'affaires, des rapports quotidiens entre connaissances (et collègues qui ne sont pas intimes); c'est le français de la plupart des quotidiens, des magazines et des revues, et des lettres d'affaires.

Le français familier est surtout parlé. C'est le français des rapports quotidiens intimes: entre mari et femme, parents et enfants; entre amis et condisciples, entre collègues qui se connaissent très bien. Quand on écrit une lettre ou une carte postale à un ami ou à un membre de sa famille, on peut s'exprimer en français familier.

Comment distinguer entre ces trois niveaux?

Partons de quelques phrases interrogatives:

SOIGNÉ :   Votre frère a-t-il vu le film? (Interrogation exprimée par l'inversion)

STANDARD: Est-ce que votre frère a vu le film? (Interrogation exprimée par *est-ce que*)

FAMILIER: Votre frère a vu le film? (Interrogation exprimée uniquement par l'intonation)

et:

SOIGNÉ   (Où habitent tes nouveaux amis?
             (Où tes nouveaux amis habitent-ils?

STANDARD: Où est-ce qu'ils habitent, tes nouveaux amis?

FAMILIER: Ils habitent où, tes nouveaux amis?

Ces exemples démontrent que la structure grammaticale peut changer selon le niveau de langue.

---

[1] Grevisse, Goosse (1995).

Remarquez aussi:

SOIGNÉ: Que la situation soit extrêmement grave est évident.[2]

STANDARD: Il est évident que la situation est extrêmement grave.

Il arrive souvent que le vocabulaire change selon le niveau de langue. Étudiez les exemples qui suivent:

SOIGNÉ: Ils se haïssent.

STANDARD: Ils se détestent.

FAMILIER: Ils [ne] peuvent pas se sentir.

Remarquez que, dans le français soigné, la tournure *l'on* peut remplacer *on*, afin d'éviter la rencontre de deux voyelles qui blesseraient l'oreille:

SOIGNÉ: Et l'on n'y peut rien.

STANDARD: Et on n'y peut rien.

N'oubliez pas que le passé simple, qui appartient au français écrit, s'emploie aussi bien au niveau standard qu'au niveau soigné:

SOIGNÉ :   De prime abord, il consulta son père.[3]

STANDARD: D'abord, il consulta son père.

Le passé composé s'emploie dans le français soigné, aussi bien que dans le français standard, soit pour exprimer une action achevée qui a eu lieu dans une période de temps qui n'est pas terminée, soit pour exprimer une action achevée qui reste en contact avec le présent:

SOIGNÉ :   Le nombre de demandeurs d'emploi a augmenté dernièrement.[4]

STANDARD: Le nombre de chômeurs a augmenté dernièrement.

En traduisant, on doit toujours tenir compte du niveau de langue, parce qu'il serait ridicule de donner comme l'équivalent d'une phrase en français familier une phrase anglaise d'un style très soigné. Il faut également distinguer entre la langue parlée et la langue écrite.

---

[2] C'est à cause du déplacement en tête de phrase de la proposition *que la situation soit extrêmement grave* que cette phrase est soignée. Remarquez que dans la phrase en français standard, le verbe de cette proposition est à l'indicatif.

[3] C'est à cause de la locution adverbiale *de prime abord* que cette phrase appartient au niveau soigné.

[4] C'est à cause de la locution *demandeurs d'emploi*, qui correspond à l'anglais *job-seekers* et qui est un euphémisme, que cette phrase est soignée.

Savoir reconnaître les divers niveaux du français vous aidera à mieux comprendre ce que vous lirez et entendrez.

Dans cet exercice, le niveau de langue de chaque phrase est indiqué. Étudiez les phrases avant de les traduire afin de distinguer les caractéristiques qui ont déterminé leur classement.

MODÈLES

1. ***Le français soigné (écrit)***

    «Dès qu'on s'engage dans la voie de la réforme, précisa-t-il, on se heurte aux traditions.»

    (dialogue: français parlé; incise: écrit)

    Éléments soignés: l'emploi de la locution verbale *s'engager dans la voie de [qqch]* (fig.) (au lieu de: *commencer à faire [qqch]*) et de *se heurter à [qqch]* (fig.) dans le sens de: *rencontrer un obstacle.*

    ("As soon as you embark upon reform," he stated, ("you come into conflict with
    ("As soon as one undertakes reform," ("one comes

    traditions."

2. ***Le français standard[5] (parlé)***

    L'acteur américain, qui avait tourné dans une centaine de films, est mort vendredi à l'âge de soixante-deux ans.

    The American actor, who had made about a hundred films, died on Friday at the age

    of sixty-two.

3. ***Le français familier (parlé)***

    Fais gaffe! Celui-là, c'est un faux jeton!

    Éléments familiers: L'emploi de la locution verbale *fais gaffe!* (au lieu de: *fais attention!*) et de l'expression *faux jeton* (au lieu de: *hypocrite*)

    Watch out! That guy's a phoney!

---

[5] Dans cet exercice (et ailleurs dans ce texte), le français est considéré comme standard si aucun élément soigné ni familier n'y figure.

Dans cet exercice, commencez par identifier les éléments qui déterminent le niveau de langue de chaque phrase. (Pour le français standard, il n'y aura rien à signaler.) Ensuite, traduisez, en tenant compte du niveau de langue et du fait que la phrase est un exemple de la langue parlée ou de la langue écrite.

I.   *Le français soigné*

1.   Relancer la consommation par une baisse des tarifs: tel est le but de l'accord signé hier. *(français écrit)*

Élément(s) soigné(s):

2.   Le ministre des transports avait écarté d'emblée la solution proposée par le syndicat. *(français écrit)*

Élément(s) soigné(s):

3.   Cette oeuvre remarquable avait permis au sculpteur de connaître la consécration internationale peu de temps avant sa disparition. *(français écrit)*

Élément(s) soigné(s):

4.   Après la cérémonie, le lauréat, visiblement ému, a su trouver les mots qu'il fallait pour remercier ses collègues. *(français écrit)*

Élément(s) soigné(s):

5. «Les riverains multiplient les protestations contre les nuisances sonores, constata-t-elle. Qu'ils se rassurent.»
    (dialogue: français parlé; incise: français écrit)

    Élément(s) soigné(s):

II. *Le français standard*

1. Le temps est venu de prendre au sérieux les problèmes d'environnement.
    (français écrit ou parlé)

2. Les héritiers du romancier ont longtemps hésité à publier le manuscrit retrouvé à sa mort.
    (français écrit)

3. Il répéta: «Je n'ai rien vu, je n'ai pas entendu la voiture s'arrêter devant la maison et je n'ai parlé à personne.»
    (français parlé; verbe introduisant le dialogue: écrit)

4. «En Israël, expliqua-t-elle, le commerce par Internet et la livraison à domicile progressent depuis quelques mois, à cause des attentats-suicide.»
(français parlé; incise: écrit)

5. Le premier dictionnaire français-anglais anglais-français disponible sur CD-Rom venait de paraître.
(français parlé ou écrit)

III. *Le français familier*

1. «Pas de veine, mon vieux! Tu n'entreras jamais dans cette boîte-là! On n'embauche que des fils à papa!»
(français parlé)

Élément(s) familier(s):

2. «Ma soeur, c'est une vraie fana de la télé: elle peut se taper pour la énième fois n'importe quel épisode de son feuilleton préféré.»
(français parlé)

Élément(s) familier(s):

3.   «Comment trouves-tu mon pull?» Elle haussa les épaules. «Les fringues, ça n'a jamais été mon truc...»

   (dialogue: français parlé, familier; incise: standard, écrit)

   Élément(s) familier(s):

4.   «Je suis nul en maths, tu sais! À mon âge, c'est super humiliant!»
   (français parlé)

   Élément(s) familier(s):

5.   «Elle est où, la gamine? — Sortie, comme d'habitude. Elle a bâclé ses devoirs en moins d'une heure...»

   (français parlé; ou écrit, dans une lettre ou sur une carte postale)

   Élément(s) familier(s):

36

EXERCICE IIIB

Les niveaux de langue (suite)

L'anglais, comme le français, a plusieurs niveaux. Nous allons nous concentrer sur les trois niveaux couramment utilisés par les anglophones instruits, selon la situation dans laquelle ils se trouvent: c'est-à-dire, l'anglais soigné, l'anglais standard et l'anglais familier.

En traduisant, il faut toujours tenir compte du niveau de langue. Il ne suffit pas de rendre fidèlement, dans la langue d'arrivée,[1] le message de la langue de départ; pour rendre ce message de manière adéquate, il faut choisir, dans la langue d'arrivée, le niveau de langue qui correspond à celui de la langue de départ. Par exemple, pour traduire *They have a beautiful apartment*, on ne dira pas *C'est chouette tout plein chez eux* (ce qui correspond plutôt à *Their place is real cute*), mais: *Ils ont un bel appartement.*

De manière semblable, en écrivant et en parlant, il faut choisir le niveau de langue qui convient: le français soigné pour la dissertation, le français standard pour la conversation courante. Il est prudent pour un étudiant anglophone d'utiliser le français familier uniquement avec de bons amis de son âge.

Une fois qu'on a choisi le niveau convenable, il faut faire tout son possible pour se maintenir au même niveau: on évitera, par exemple, d'introduire des locutions familières dans une dissertation que l'on écrit ou dans un passage littéraire que l'on traduit.

Dans cet exercice, le niveau de langue de chaque phrase est indiqué. Étudiez les phrases avant de les traduire, afin de distinguer les caractéristiques qui ont déterminé leur classement.

En traduisant, vous tiendrez compte du niveau de langue de chaque phrase et du fait que celle-ci appartient à l'anglais parlé ou à l'anglais écrit.

MODÈLES
L'anglais soigné

We must combat the pollution that engulfs our cities in high summer.

Éléments soignés: to combat (au lieu de: *to fight*); *to engulf* (au lieu de: *to cover*); *high summer* (au lieu de: *the hottest time of the summer*).

Il faudra combattre la pollution qui s'abat sur nos villes avec les grandes chaleurs de la canicule (Ou: au plus chaud de l'été).

L'anglais standard[2]

This food-processor comes with a juicer[3] and seven other attachments.

Ce robot-cuisine est livré avec un presse-agrumes et sept autres accessoires.

---

[1] *La langue d'arrivée*: celle dans laquelle on traduit; *la langue de départ*: celle qu'on traduit.

[2] Ici, et ailleurs dans ce manuel, l'anglais est considéré comme standard si aucun élément soigné ni familier n'y figure.

[3] *Juicer* se dit aux États-Unis et au Canada; en Grande-Bretagne, on dit *juice-extractor*.

L'anglais familier

"So he goes, 'It's cool; everybody's doing it!', and I'm like: 'Excuse me?'"
(anglais parlé, É.-U., Can.)

Élément(s) familier(s): he goes (au lieu de: *he says*); *cool* (utilisé pour désigner un comportement acceptable aux jeunes);[4] *I'm like* (au lieu de: *I'm thinking something like*).

«Alors il a dit: ("Ça se fait;   tout le monde le fait", et moi j'étais en train de penser:
                  ("T'inquiète pas;

"Qu'est-ce que tu racontes?".»

I.   *L'anglais soigné*

1.   All night long, the snow fell, slowly, silently, burying the dead leaves and the faded flowers.
(anglais écrit littéraire: extrait de roman)

    Élément(s) soigné(s):

2.   With the exception of Newfoundland, all regions will enjoy fine sunny weather and seasonal temperatures.
(anglais écrit)

    Élément(s) soigné(s):

3.   At last she slept, lulled by the sound of the waves breaking lazily on the sand.
(anglais écrit littéraire: extrait de roman)

    Élément(s) soigné(s):

---

[4] Le *Canadian Oxford Dictionary* précise que *cool* a deux autres sens dans l'anglais familier dont le premier correspond plus ou moins aux adjectifs français *génial* ou *super* et le deuxième à *branché* ou ... *cool*.

4. It cannot be denied that the global economy has proved extremely vulnerable in recent months.
    (anglais écrit)

    Élément(s) soigné(s):

5. "As we mourn those who perished," he said, his voice breaking, "let us do everything in our power to assist those who have survived."
    (anglais parlé: extrait de discours)

    Élément(s) soigné(s):

II.   *L'anglais standard*

1. The celebrated violinist died of a heart attack yesterday at the age of eighty-two.
    (anglais écrit)

2. They have just bought an air-conditioned Renault with power steering.
    (anglais écrit ou parlé)

3. The investigation lasted four and a half years and cost fifty million dollars in public funds.
(anglais écrit)

4. As usual, he was wearing his old jeans, but to please his mother he had put on a yellow turtle-neck sweater.
(anglais écrit)

5. I'm glad you went to the exhibition of photography I told you about.
(anglais parlé (ou écrit, dans une lettre))

III. *L'anglais familier*

1. "And there was this awesome DJ... I can't describe him — you had to be there!"
(anglais parlé, É.-U., Can.)

Élément(s) familier(s):

40

2.   "The plumber says not to worry, he'll be here ASAP..."[5]
(anglais parlé)

Élément(s) familier(s):

3.   "Say hi to Claudie for me! I haven't seen her for ages..."
(anglais parlé, É.-U., Can.)

Élément(s) familier(s):

4.   "Give me a buzz tomorrow or Sunday, if you've the time..." "Sure will!"
(anglais parlé, É.-U., Can.)

Élément(s) familier(s):

5.   "What's that dog up to, anyway?" "Don't know; probably eating something he shouldn't."
(anglais parlé)

Élément(s) familier(s):

---

[5] *ASAP*: abréviation des mots *As Soon As Possible*, utilisée à l'origine dans l'anglais écrit, s'emploie actuellement dans la langue parlée.

EXERCICE IVA
L'opposition locution adjectivale/adjectif
(ou substantif employé adjectivement)

En français, le complément déterminatif du nom est une locution adjectivale (composée d'un autre nom introduit par une préposition).

Le plus souvent, cette locution adjectivale a, pour équivalent anglais, soit un adjectif soit un nom qui remplit la fonction d'un adjectif.

EXEMPLES

    i.   L'équivalent anglais est un adjectif:

Le consulat *des États-Unis*
The *American* Consulate

L'ambassadeur *d'Italie*
The *Italian* Ambassador

    ii.   L'équivalent anglais est un nom employé adjectivement:

Une tarte *aux pommes*
An *apple* tart

Un rouge *à lèvres*
A *lipstick*

La sortie *de secours*
The *emergency* exit

Une crème *pour les mains*
A *hand* cream

Il arrive, cependant, que l'équivalent anglais soit un nom introduit par une préposition.

EXEMPLES

Une tasse *de café*
A cup *of coffee*[1]

Un chef *d'état*
A head *of state*

Si, dans cet exercice, vous voyez deux façons de traduire en anglais une des locutions adjectivales, vous donnerez les deux possibilités.

---

[1] Mais *une tasse à café* signifie *a coffee cup*.

42

Commencez par traduire les expressions qu'on vous signale. Traduisez ensuite la phrase entière. Si nécessaire, vous modifierez les équivalents anglais des expressions en tête de phrase pour les rendre plus idiomatiques dans le contexte.

1.　　　　des chaussures *de marche*:
　　　　　un sac *à dos*:

　　　　　«Tu n'as pas oublié tes chaussures de marche, j'espère? — Bien sûr que non! J'ai même apporté mon sac à dos et mon anorak.»

2.　　　　la brigade *des stupéfiants*:

　　　　　La brigade des stupéfiants a saisi, lundi 26 octobre, 184 kg de cocaïne pure, dont la valeur serait d'environ 3 millions d'euros.

3.　　　　une voiture *de sport*:
　　　　　la *tenue de route*:

　　　　　C'est une voiture de sport puissante dont la tenue de route est impeccable.

4.　　　　une grève *de la faim*:

　　　　　Emprisonné pour avoir protesté contre le régime, l'écrivain a été transféré à l'hôpital hier après une grève de la faim.

5.   le dépistage *à un stade précoce*:
      le cancer *du sein*:

      Le dépistage à un stade précoce est d'importance primordiale dans la lutte contre le cancer du sein.

6.   une mesure *de sécurité*:

      Par mesure de sécurité, le stationnement sera interdit sur le parcours de la manifestation; les véhicules contrevenants seront enlevés.

7.   le prix Nobel *de la paix*:

      En 1998, le prix Nobel de la paix fut attribué à deux Irlandais, dont l'un représentait les catholiques, l'autre les protestants.

8.   les troubles *du comportement alimentaire*:

      Certains troubles du comportement alimentaire, tels que l'anorexie et la boulimie, s'observent surtout chez les jeunes filles de 15 à 25 ans.

9.   le virus *du sida*:

      L'ancien ministre était accusé d'avoir laissé distribuer des produits contaminés par le virus du sida.

44

10.   l'effet *de serre*:

Pour limiter l'effet de serre qui menace notre planète, il faut freiner la pollution.

11.   un séjour *à tarif réduit*:
           un hôtel *de luxe*:

Hors saison, on peut s'offrir un séjour à tarif réduit dans un hôtel de luxe.

12.   les négociations *de paix*:

Selon l'envoyé spécial du président, les négociations de paix sont toujours dans l'impasse.

13.   un maillot *de bain*:
           une salle *de bains*:
           la machine *à laver*:

«Maman! Où est mon maillot de bain? Je l'avais laissé dans la machine à laver... — Il est dans la salle de bains, en train de sécher.»

14.   un attentat *à la voiture piégée*:

Dimanche, au centre d'Alger, un attentat à la voiture piégée a fait sept morts et de nombreux blessés.

EXERCICE IVB

L'opposition adjectif (ou substantif employé adjectivement)/ locution adjectivale

1. Comme nous l'avons vu dans l'exercice précédent, certains adjectifs anglais, dont les adjectifs de nationalité, ont souvent pour équivalent français une locution adjectivale.

EXEMPLES

    i.   *Canadian* wine
        le vin *du Canada*[1]

    ii.   the *French* King
        le roi *de France*[2]

    iii. the *presidential* candidates
        les candidats *à la présidence*

2. De manière semblable, le substantif anglais qui remplit la fonction d'un adjectif a souvent pour équivalent français une locution adjectivale.

EXEMPLES

    i.   *Niagara* Falls
        les chutes *du Niagara*

    ii.   a *Margaret Atwood* novel
        un roman *de Margaret Atwood*

    iii. a *washing* machine
        une machine *à laver*

Il y a évidemment des exceptions; celles-ci sont souvent calquées sur l'anglais.[3]

Exceptions

    i.   a *hair* dryer
        un sèche-*cheveux*

---

[1] Il serait illogique d'employer l'adjectif de nationalité, puisqu'il s'agit, non de la nationalité du vin, mais de sa provenance.

[2] Remarquez que, quand le complément déterminatif est le nom d'un pays féminin, il est introduit par *de*, tandis que, quand le complément déterminatif est le nom d'un pays masculin, il est introduit par *de* plus l'article défini: *du Portugal, des États-Unis*.

[3] *calquées sur l'anglais*: créées sur le modèle d'un mot anglais: chaque élément de *hair-dryer* et de *sky-scraper* a été traduit littéralement en français; l'ordre des éléments est celui du français.

ii.   a *sky*-scraper
        un gratte-*ciel*

3. Les adjectifs composés anglais ont pour équivalent français une locution adjectivale.

EXEMPLES

i.   *high-level* talks
        des discussions *à haut niveau*

ii.   an *easily-laundered* shirt
        une chemise *facile à laver*[4]

Remarquez l'ordre des mots:

anglais :   (*adjectif* + nom
                (*substantif employé adjectivement* + nom

français: nom + *locution adjectivale*

Avant de traduire en français chacune des phrases suivantes, vous traduirez, avec le nom qu'il qualifie, chaque adjectif (ou substantif employé adjectivement) qui aura pour équivalent français une locution adjectivale.

MODÈLE
        a *five-act* play: une pièce *en cinq actes*

        The performance will probably last two and a half hours: *Cyrano de Bergerac* is a five-act play.

        La représentation durera probablement deux heures et demie: *Cyrano de Bergerac* est une pièce en cinq actes.

1.   a *[bath]* towel:
        a *linen* closet:

        As soon as the towels are dry, you can fold them and put them in the linen closet.

---

[4] On peut remplacer cette locution adjectivale par une proposition subordonnée relative: une chemise *qui se lave facilement.*

2. a *press* conference:

    "I had to resign," he explained at a press conference, "because I no longer had the support of the Prime Minister."

3. a *price* war:

    By increasing taxes on tobacco, the government may start a price war.

4. the *American* Embassy:

    This morning, there was a demonstration outside the American Embassy in London.

5. the *French* team:

    The French team won its third consecutive victory on Saturday, this time against Scotland.

6. *health* professionals:
    alcohol abuse:

    Health professionals advise all young people to find out about problems related to alcohol abuse.

7.   the *ironing* board:
(the *guest* room (É.-U., Can.):
(the *spare* room (G.B.):

You can leave the iron and ironing-board in the guest room when you've finished.

8.   *interest* rates:

Interest rates are dropping, which should stimulate the economy.

9.   a *driver's* licence:

"Does your sister have a car?" "Of course not, she doesn't have her driver's licence yet!"

10.   a *cholera* epidemic:

A cholera epidemic could break out in the area devastated by the hurricane.

11.   the *UN* inspectors:

The UN inspectors had demanded the destruction of all illegal weapons before March 1st 2003.

12.   an *engagement* ring:

"Let me *see* your engagement ring!" "Not now, I'm in a hurry; you'll see it tomorrow!"

13.   a *silk* blouse:
       a *tweed* jacket:

For the interview, I'll wear my tweed jacket over a white silk blouse with a long skirt.

14.   a *customs* declaration:

"You ought to complete your customs declaration before we land," she said to her friend.

EXERCICE VA

Au sens propre, au sens figuré: mot-clé: TÊTE

Dans chacune des phrases suivantes, vous trouverez le mot *tête*, parfois au sens propre, parfois au sens figuré; mais le mot *head* ne paraîtra pas forcément dans la traduction.

Avant de traduire chaque phrase, vous indiquerez l'unité de traduction dans laquelle figure le mot *tête*:

1. «Qu'est-ce qu'elle a, ta petite nièce? — C'est trois fois rien : elle fait la tête parce qu'on ne va pas au cinéma.»

    Unité de traduction dans laquelle figure le mot-clé:

2. «Tiens! Tu t'es offert une imprimante couleur! — Ça m'a coûté les yeux de la tête, mais j'en avais besoin.»

    Unité de traduction:

3. «Et on n'a jamais retrouvé la voiture volée?» Il fit non de la tête. «Pas que je sache.»

    Unité de traduction:

4. Ne parlons pas de la phonétique! J'en ai par-dessus la tête.

    Unité de traduction:

5.   C'est une question qu'il faudra examiner à tête reposée.

        Unité de traduction:

6.   Ce n'est pas la peine de donner des conseils à Nathalie, car elle n'en fait qu'à sa tête.

        Unité de traduction:

7.   Bien qu'il ne dise pas grand-chose, je suis sûr qu'il a une idée derrière la tête.

        Unité de traduction:

8.   Le beaujolais est un vin qui monte à la tête.

        Unité de traduction:

9.   J'ai beau me creuser la tête, je ne trouve pas de solution.

        Unité de traduction:

10. L'avocat de mon beau-père n'a qu'une idée en tête: gagner gros.

    Unité de traduction:

11. Le mari de Marguerite a une tête de plus qu'elle.

    Unité de traduction:

12. Mais qu'est-ce que tu racontes? Tu es tombé sur la tête!

    Unité de traduction:

13. Mme Chresteil réussira dans les affaires, car c'est une femme de tête.

    Unité de traduction:

14. Les petits criaient à tue-tête quand leur mère est rentrée.

    Unité de traduction:

EXERCICE VB

Au sens propre, au sens figuré: mot-clé: HEAD

Dans chacune des phrases suivantes, vous trouverez le mot *head*, parfois au sens propre, parfois au sens figuré, parfois faisant partie d'un mot composé ou d'un idiotisme; mais le mot *tête* ne figurera pas forcément dans la traduction.

Avant de traduire chacune des phrases suivantes, indiquez l'unité de traduction dans laquelle figure le mot *head*:

1. You're just talking off the top of your head!

    Unité de traduction dans laquelle figure le mot-clé:

2. My younger brother is a head taller than I am.

    Unité de traduction:

3. Your nephew stands head and shoulders above the other candidates, in our opinion.

    Unité de traduction:

4. "Do stop talking about the accident!" "I can't get it out of my head…"

    Unité de traduction:

54

5. "Is his thesis coming along well?" "He's trying hard, but he's not making much headway."

Unité de traduction:

6. "Have you seen the headlines? Another suicide bombing in Israel…"

Unité de traduction:

7. He's head of the Spanish Department at the University, and his sister is head of the translation department in an import company.

Unité de traduction:

8. Although he's intelligent, his pig-headedness prevents him from acting reasonably.

Unité de traduction:

9. If you need specific information about that matter, you'll have to go to the head-office.

Unité de traduction:

10.   "Two heads are better than one!" he exclaimed. I smiled. "Not always."

       Unité de traduction:

11.   She understands nothing about literature, but she has a good head for math.

       Unité de traduction:

12.   Your brother-in-law is too muddle-headed to succeed in business.

       Unité de traduction:

13.   I think we'll have to put our heads together: this will be a tough problem to solve.

       Unité de traduction:

14.   That whole business was a headache from beginning to end.

       Unité de traduction:

EXERCICE VIA

Les compléments circonstanciels[1] de temps

Fonction

Le complément circonstanciel qualifie un verbe.

Forme

Le complément circonstanciel de temps peut être:

1. Un adverbe de temps:

    Le train à destination d'Avignon entrera *bientôt* en gare.

2. Une locution adverbiale, composée le plus souvent d'un nom introduit par une préposition (et, éventuellement, accompagné d'un ou de plusieurs adjectifs):

    Nous sommes partis *de bonne heure*.

3. Une proposition subordonnée conjonctive:

    Appelle-moi *quand tu seras de nouveau à Paris*.

4. Un infinitif introduit par une préposition (ou une locution prépositive):

    Après avoir fermé la porte à clé, elle s'est endormie.
    Préviens ta tante *avant d'aller chez elle*.

5. Un participe passé (ou, plus rarement, un participe présent) accompagné d'un nom sujet:

    Une fois le soleil couché, la température baissa de dix degrés.
    Le beau temps revenant, ils furent contents.

---

[1]De nos jours, certains grammairiens préfèrent le terme *complément adverbial*; ils classent celui-ci parmi les compléments non-essentiels (Grevisse, Goosse 1995, §111c). Je préfère le terme traditionnel parce que le complément circonstanciel marque les circonstances de l'action du verbe.

Étudiez aussi le schéma qui suit:

avant-hier	hier	AUJOURD'HUI	demain	après-demain
the day before yesterday	yesterday	TODAY	tomorrow	the day after tomorrow
l'avant-veille	**la veille**	**CE JOUR-LÀ**	**le lendemain**	**le surlendemain**
two days earlier	the previous day	THAT DAY	the following day	two days later

Avant de traduire chacune des phrases suivantes, identifiez les compléments circonstanciels de temps qui y figurent.

MODÈLE

Dans l'après-midi du lendemain, l'enfant fut retrouvé, effrayé mais sain et sauf.

Complément circonstanciel de temps: dans l'après-midi du lendemain

(The following afternoon,   the child was found, scared but safe and sound.
(On the afternoon of the following day,
(The next afternoon,

Traduisez:

1.   Dès qu'il eut fermé la porte, le téléphone se mit à sonner. «On est toujours mieux chez soi,» soupira-t-il.

       Complément(s) circonstanciel(s) de temps:

2.   Cette année-là, le Honduras et le Nicaragua furent les victimes d'un des ouragans les plus dévastateurs du siècle.

       Complément(s) circonstanciel(s) de temps:

58

3. Dimanche soir, en Suisse, une avalanche a fait deux morts; huit autres personnes ont été portées disparues.

    Complément(s) circonstanciel(s) de temps:

4. La veille de son départ, notre voisin était venu nous demander de donner à manger à son chat pendant qu'il serait absent.

    Complément(s) circonstanciel(s) de temps:

5. On prévoit que, d'ici vendredi, la grève des transports s'étendra à toute la région parisienne.

    Complément(s) circonstanciel(s) de temps:

6. Notre service d'assistance téléphonique est ouvert sept jours sur sept, fériés compris, de 8 h à 22 h.

    Complément(s) circonstanciel(s) de temps:

7. Pendant la petite enfance, le tabagisme passif entraîne un risque accru d'infections, d'allergies ou d'asthme.

    Complément(s) circonstanciel(s) de temps:

8. Après quelques éclaircies en matinée, il pleuvra demain en fin d'après-midi; les températures évolueront peu.

   Complément(s) circonstanciel(s) de temps:

9. «Je voudrais parler à M. Chanut, s'il vous plaît. — M. Chanut est en réunion en ce moment, Madame. — Alors je rappellerai tout à l'heure.»

   Complément(s) circonstanciel(s) de temps:

10. Le surlendemain, trop inquiet pour attendre plus longtemps, je me rendis à son bureau. Elle refusa de me recevoir.

   Complément(s) circonstanciel(s) de temps:

11. «Ça va? — Pas vraiment; j'ai très mal dormi cette nuit, et je n'arrive pas à me concentrer sur mon travail.»

   Complément(s) circonstanciel(s) de temps:

60

12.   Faciles à utiliser en même temps qu'un logiciel et plus rapides à consulter qu'un livre, des dictionnaires bilingues sont disponibles sur CD-Rom depuis plusieurs années.

Complément(s) circonstanciel(s) de temps:

13.   Né en 1596 à La Haye, petite ville de Touraine qui porte aujourd'hui son nom, René Descartes mourut à Stockholm en 1650.

Complément(s) circonstanciel(s) de temps:

14.   «Dorénavant, tu vas promener ton chien tous les jours en rentrant de l'école. Tu m'entends? — Oui, papa...»

Complément(s) circonstanciel(s) de temps:

15.   En vingt ans, le pourcentage de films sous-titrés distribués aux États-Unis est passé de 7% à 0,7%; le public américain a donc rarement l'occasion de voir des films européens.

Complément(s) circonstanciel(s) de temps:

EXERCICE VIB

Les compléments circonstanciels de temps

I.   *Emploi*

En anglais comme en français, le complément circonstanciel de temps qualifie un verbe.

II.   *Forme*

En anglais, le complément circonstanciel de temps peut être:

1.   un adverbe de temps:

tomorrow; yesterday; soon; later.

2.   une locution adverbiale de temps:

in a little while; after a time; this evening; two days ago.

3.   une proposition subordonnée conjonctive:

when you have finished your dinner; the moment[1] it was dark.

4.   Un gérondif présent ou passé introduit par une préposition:

before going to bed; after having bolted the door.

5.   Une proposition participe:

her purchases completed; the treaty duly signed.

III.   *Le temps du verbe dans une proposition subordonnée conjonctive*

En français, c'est la logique qui dicte le temps du verbe introduit par une conjonction temporelle, ce qui n'est pas le cas en anglais.

Exemples:

1.   He will phone your sister when he has the time.

Complément circonstanciel de temps: when he has the time;
Moment auquel se situe logiquement l'action du verbe «has»: l'avenir;
Temps qui s'impose en français: le futur.

Il téléphonera à ta soeur quand il aura le temps.

---

[1] La locution *the moment* n'est évidemment pas une conjonction, mais a la valeur de la conjonction *as soon as* dans une proposition de cette espèce.

2. Come and see me when you have finished this novel.

Complément circonstanciel de temps: when you have finished this novel;
Moment auquel se situe logiquement l'action du verbe «have finished»: l'avenir; il s'agit d'une action future qui sera terminée avant une autre action future;
Temps qui s'impose en français: le futur antérieur.

Viens me voir quand tu auras terminé ce roman.

3. The moment he had left, she regretted her harsh words.

Complément circonstanciel de temps: The moment he had left;
Moment auquel se situe logiquement l'action du verbe «had left»: au passé; spécifiquement, l'action de ce verbe précède immédiatement une autre action passée;
Temps qui s'impose en français: le passé antérieur.

(Aussitôt qu'il fut parti,   (elle regretta   (ses paroles dures.
(Dès qu'il fut parti,   (elle a regretté   (ses mots durs.

Avant de traduire chacune des phrases suivantes, relevez les compléments circonstanciels de temps qui y figurent.

Traduisez:

1. In a year's time, he will have forgotten all about it.

Complément(s) circonstanciel(s) de temps:

2. The store is open from 10 a.m. to 5.30 p.m., every day except Sundays and holidays.

Complément(s) circonstanciel(s) de temps:

3.   "Is your brother-in-law there?" "No, he went to New York the day before yesterday. He'll
be back in a week's time."

Complément(s) circonstanciel(s) de temps:

4.   Two days ago, the victim of a heroin overdose died in Scotland; she was only thirteen.

Complément(s) circonstanciel(s) de temps:

5.   It's hot now, but, once the sun has set, the temperature will drop by about ten degrees.

Complément(s) circonstanciel(s) de temps:

6.   "Is your cousin well? I haven't seen her for a long time." "She's fine, as usual."

Complément(s) circonstanciel(s) de temps:

64

7.   Two days later, the elevator was still out of order and the tenants were starting to get annoyed.

Complément(s) circonstanciel(s) de temps:

8.   Sales of motorbikes and scooters have doubled in France during the last five years.

Complément(s) circonstanciel(s) de temps:

9.   Four months before the World Cup, the captain of the English Rugby team had to resign.

Complément(s) circonstanciel(s) de temps:

10.   You can go and play as soon as you have eaten all your soup.

Complément(s) circonstanciel(s) de temps:

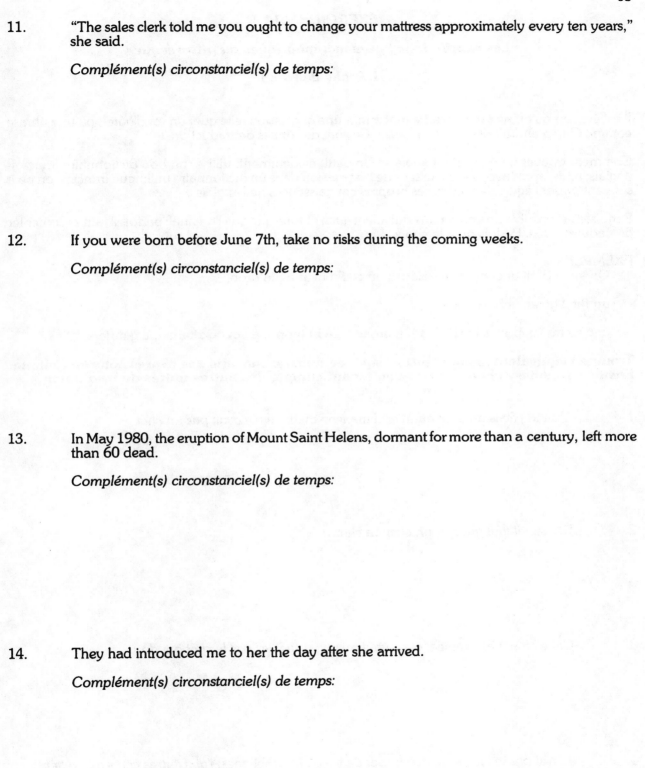

65

11.   "The sales clerk told me you ought to change your mattress approximately every ten years," she said.

       Complément(s) circonstanciel(s) de temps:

12.   If you were born before June 7th, take no risks during the coming weeks.

       Complément(s) circonstanciel(s) de temps:

13.   In May 1980, the eruption of Mount Saint Helens, dormant for more than a century, left more than 60 dead.

       Complément(s) circonstanciel(s) de temps:

14.   They had introduced me to her the day after she arrived.

       Complément(s) circonstanciel(s) de temps:

EXERCICE VIIA

Les expressions figées métaphoriques ou pittoresques

L'Arche de Noé I

Il est évident qu'on ne peut traduire mot à mot une expression telle que: *un rat d'hôtel*; ou une phrase comme *On entendrait une mouche voler*. Ce sont des unités de traduction.

Comment trouver un équivalent anglais? On peut, évidemment, utiliser un bon dictionnaire français-anglais; mais, après avoir vérifié le sens de l'expression dans un dictionnaire unilingue français, on peut souvent puiser l'équivalent dans ses propres connaissances de l'anglais.

Parfois, il est possible de trouver un équivalent aussi pittoresque que l'original; parfois il faut se contenter de traduire l'idée. Parfois on a le choix.

EXEMPLES

On entendrait une mouche voler: You could hear a pin drop.

un rat d'hôtel: a hotel thief

une souris (pop.): a bird (G.B.), a broad (É.-U.) (pop.), a young woman, a girlfriend

Trouvez l'équivalent anglais, pittoresque ou non, de chacune des expressions en italique. Ensuite, traduisez chaque phrase en tenant compte des autres unités de traduction.

1.   Quand j'étais dans ce quartier dimanche matin, *il n'y avait pas un chat.*

2.   Écoute: *il faut appeler un chat un chat.*

3.   Cette affaire est classée, et ça vaut mieux; *n'éveillez pas le chat qui dort!*

4.   Je n'ai pas le temps de m'occuper de tes petits problèmes: *j'ai d'autres chats à fouetter.*

5.   Je ne trouverai jamais la réponse: *je donne ma langue au chat.*

6.   On a beaucoup parlé du cambriolage, mais la vérité, c'est qu'*il n'y a pas de quoi fouetter un chat.*

7.   Elle a du mal à parler parce qu'*elle a un chat dans la gorge.*

8.   Ce n'est pas un ménage heureux; *ils s'entendent comme chien et chat.*

9.   Un maximum de dix degrés au mois de juin! *Quel temps de chien!*

10.   Je fais comme si de rien n'était, mais *je lui garde un chien de ma chienne.*

68

11.   On dirait que cet enfant n'a pas mangé depuis des jours: *il a une faim de loup*.

12.   Pour ne pas être entendu de sa proie, *le chasseur avançait à pas de loup*.

13.   À Edmonton, au mois de janvier, *il fait* toujours *un froid de loup*.

14.   «Il faudrait demander l'avis de Thierry avant d'accepter… — *Quand on parle du loup…*»

15.   La pauvre petite a été très malade: avant-hier, *elle avait une fièvre de cheval*.

16.   Non, merci! Ce que tu me proposes, *c'est un remède de cheval!*

EXERCICE VIIB

Les expressions figées métaphoriques ou pittoresques

The Birds and the Bees I

Trouvez l'équivalent, pittoresque ou non, de chacune des expressions en italique. Ensuite, traduisez la phrase en tenant compte de toutes les unités de traduction.

1. "Odile's fiancé wants to break off their engagement..." *"There are plenty of good fish in the sea."*

2. "I've had it up to here with that guy! *He thinks he's the cat's meow!*"[1]

3. *This is a fine kettle of fish*: you've just invited four people to dinner, and the fridge is empty and the supermarket closed an hour ago!

4. "Jean-Yves is sure his novel will sell like hot cakes..." *"Pigs might fly!"*

---

[1] Votre dictionnaire donnera peut-être l'équivalent britannique de cette expression: *He thinks he's the cat's whiskers*.

70

5. "Where are you going?" "For a walk." *"But it's raining cats and dogs!"*

6. *The cat's out of the bag*: Daddy's going to resign!

7. "How did you know Yvette was expecting a baby?" *"A little bird told me..."*

8. "I see you were the first person to apply for this job." "Of course! *It's the early bird that catches the worm!"*

9. Every time she has to sing in public, *she gets butterflies in her stomach.*

10.   Have you met my cousin Freddi? *He's the black sheep of the family.*

11.   Don't mention the Conservative Party to my father: *the mere name is like red rag to a bull.*

12.   Above all, don't let her drive: *she's blind as a bat* without her glasses.

EXERCICE VIIIA

Les unités de traduction: écriteaux et panneaux

Ce qui s'écrit, dans la langue de départ, sur un écriteau ou un panneau, est une seule unité de traduction qui correspond à une autre unité de traduction dans la langue d'arrivée. Si on traduit mot à mot, le message risque de ne pas être transmis; en outre, la traduction ne sera certainement pas idiomatique.

Par exemple, traduire *CHIEN MÉCHANT* par *BAD DOG* ne convient pas du tout. *Bad Dog!* est un reproche que l'on adresse à son chien quand il se conduit mal;[1] l'équivalent anglais de *CHIEN MÉCHANT*, c'est *BEWARE OF THE DOG*.

Dans l'exercice qui suit, les dictionnaires français-anglais et les dictionnaires unilingues français vous aideront à comprendre le message de chaque écriteau ou panneau; mais, pour trouver l'équivalent de chacun, il faudra souvent puiser dans vos propres connaissances.

1.   ACCÈS AUX QUAIS

2.   SENS UNIQUE

3.   NE PAS SE PENCHER PAR LA FENÊTRE

4.   ROULER AU PAS

5.   ENTRER SANS FRAPPER

6.   PASSAGE INTERDIT

---

[1]L'équivalent français, c'est: *Vilain chien!*

73

7.   HEURES DE PASSAGE DES AUTOBUS

8.   PASSAGERS MUNIS DE BILLETS

9.   RALENTIR
     TRAVAUX

10.   CHANTIER
     PORT DU CASQUE OBLIGATOIRE

11. DÉFENSE D'AFFICHER

12. PRIÈRE DE TENIR LA MAIN COURANTE

13. SECTION FUMEURS

14. SANS ISSUE

15. SORTIE DE VOITURES

16. CHAUSSÉE GLISSANTE

17. ACCÈS INTERDIT À TOUTE PERSONNE ÉTRANGÈRE AUX TRAVAUX

74

18.   CHASSE GARDÉE

19.   NE PAS GÊNER LA FERMETURE DES PORTES

20.   CHAUSSÉE PROVISOIRE

21.   MISE EN FOURRIÈRE SANS PRÉAVIS

22.   PRIÈRE DE TENIR LES CHIENS EN LAISSE

23.   CIRCULATION ALTERNÉE

24.   TENUE CORRECTE EXIGÉE

25.   SUIVRE FLÉCHAGE

26.   SERVICE AUTOMATIQUE BANCAIRE À VOTRE DISPOSITION 24 H SUR 24

27.   DÉFENSE DE DÉPOSER DES ORDURES

28.   VOIES RÉTRÉCIES

29.   IL EST INTERDIT D'ENTRER DANS LA BANQUE AVEC DES CHIENS

30.   [ENTRÉE INTERDITE]² SAUF RIVERAINS

31.   CIRCULATION INTERDITE SUR LA BANDE D'ARRÊT D'URGENCE

32.   FERMÉ
        CONGÉS ANNUELS

33.   APPAREIL EN COURS D'ENTRETIEN

34.   DANGER
        HAUTEUR LIMITÉE

35.   HALTE
        PÉAGE

36.   SECTION DANGEREUSE SUR 2 000 M
                PRUDENCE

---

² Cette précision est souvent remplacée par un symbole.

EXERCICE VIIIB

Les unités de traduction: écriteaux et panneaux

Comme nous l'avons déjà vu dans l'exercice VIIIA, ce qui s'écrit, dans la langue de départ, sur un écriteau ou un panneau est une unité de traduction qui correspond à une autre unité dans la langue d'arrivée. Il n'est pas question de traduire mot à mot.

À l'aide de votre dictionnaire anglais-français et de votre dictionnaire unilingue français, essayez de trouver, pour chaque écriteau ou panneau qui suit, l'équivalent français qui convient.

1.   NO SMOKING

2.   NON-SMOKING SECTION

3.   NOT DRINKING WATER

4.   NO PARKING

5.   SLOW
ROAD WORKS AHEAD

ou

SLOW
CONSTRUCTION AHEAD

6.   NO PERFORMANCE TONIGHT

7.   NO HUNTING

8. BEWARE OF THE DOG

9. FOR CREW USE ONLY

10. EXTINGUISH HEADLIGHTS

11. BUSINESS HOURS

12. SLIPPERY WHEN WET

13. FASTEN SEAT BELTS

14. PRIVATE

15. EMERGENCY EXIT

16. DETOUR

17. LOW BRIDGE

18. LEVEL CROSSING

19. BUS LANE

78

20.   ROAD CLOSED TO TRAFFIC

21.   SOFT SHOULDERS

22.   KEEP OFF THE GRASS

23.   NO ADMITTANCE

24.   SUBSIDENCE

EXERCICE IXA

L'opposition substantif singulier/ substantif pluriel
(ou substantif apparemment pluriel)

Le plus souvent, l'usage français et anglais est pareil en ce qui concerne le singulier et le pluriel des substantifs. En traduisant, on peut donc s'attendre à ce qu'un substantif singulier français corresponde à un substantif singulier anglais; et il en est de même des substantifs pluriels.

Il existe pourtant des exceptions qui posent des problèmes pour l'étudiant.

EXEMPLES

le pantalon: pants (É.-U. et Can.); trousers (G.B.)

l'appareil dentaire: braces (for straightening teeth)

Il existe aussi un certain nombre de substantifs anglais qui, sans être pluriels, se terminent en «s». Il arrive que l'étudiant les prenne pour des pluriels, et par conséquent les traduise mal. La plupart de ces substantifs sont des collectifs qui désignent des sciences (etc.).

EXEMPLES

la génétique: genetics

l'obstétrique: obstetrics

D'autres sont des noms de maladies.

EXEMPLES

le zona: shingles

le sida: AIDS

Dans cet exercice, chaque substantif français signalé avant la phrase est singulier, mais se traduit en anglais soit par un substantif pluriel, soit par un substantif qui se termine en «s».

MODÈLE

la génétique: genetics

La génétique, c'est la science de l'hérédité.

Genetics is the science of heredity.

Après avoir traduit le mot isolé, vous traduirez chaque phrase, en tenant compte des unités de traduction:

1.   *la phonétique:*

Le but de la phonétique corrective, c'est d'améliorer la prononciation de l'étudiant pour qu'il puisse communiquer de manière plus efficace.

2.   *un collant:*

Celles qui s'inscriront dans nos cours de danse classique devront s'acheter un justaucorps, un collant et des chaussons de danse.

3.   *la rougeole:*

La rougeole, maladie infectieuse qui atteint surtout les enfants, provoque une éruption de taches rouges sur la peau.

4.   *le mode d'emploi:*

Mise en garde: Lire le mode d'emploi très attentivement avant de se servir de ce sèche-cheveux.

5.   *l'athlétisme:*
        la gymnastique:

L'athlétisme comprend le saut, la course, la gymnastique, et l'art de jeter le disque et le javelot.

6. *la science économique:*

La science économique, c'est l'étude de la production, de la distribution et de la consommation des richesses.

7. *un short:*
un jean:

Cet après-midi-là, Nana portait un short bleu ciel avec un haut sans manches, et Annette avait mis son jean noir avec un tee-shirt gris perle.

8. *le bruitage:*

Dans cette nouvelle mise en scène d'*Henri V*, la bataille qui a lieu en coulisse est très bien évoquée grâce à un usage intelligent du bruitage et de l'éclairage.

9. *l'aérobic:*

L'aérobic, c'est une forme d'exercice destinée à stimuler le système cardio-vasculaire.

10. *un pyjama:*

Marie ne porte jamais de pyjama ni de chemise de nuit; comme Marilyn Monroe, elle se contente d'une goutte du Numéro 5 de Chanel.

11.   *le contenu:*

Verser le contenu d'une boîte d'ananas broyé dans une petite casserole en inox ou fonte émaillée, et ajouter le vinaigre de framboise.

12.   *la rubéole:*

La rubéole, bénigne chez l'enfant, est grave chez la femme enceinte, car elle peut entraîner des malformations du foetus.

13.   *la politique:*

Dans les cours de politique, on étudie la théorie et la pratique du gouvernement dans la société.

14.   *la vaisselle:*

On lui a dit qu'elle aurait du temps libre dès qu'elle aurait lavé, essuyé et rangé toute la vaisselle.

EXERCICE IXB

L'opposition substantif singulier/substantif pluriel

Comme nous l'avons déjà vu, l'usage français et anglais est, le plus souvent, pareil en ce qui concerne le singulier et le pluriel des substantifs. Il existe pourtant des exceptions qui posent des problèmes pour l'étudiant.

EXEMPLE

   jewelry: des bijoux (m. plu.)

Dans cet exercice, chaque substantif anglais qui est signalé avant la phrase dans laquelle il figure est au singulier, mais, le plus souvent, se traduit en français par un substantif pluriel. Si vous voyez une autre possibilité, vous la donnerez également.

Traduisez chacune des phrases suivantes, en faisant très attention au(x) substantif(s) indiqué(s) et en tenant compte des unités de traduction.

1.   *engagement*

   When the war broke out, Sylvie and Alain had just announced their engagement.

2.   *vacation*

   "Do you remember the vacation we spent in that little village in Switzerland?" he asked. "Of course I do!"

3.   *deposit*

   Since the hotel does not take credit cards, guests are asked to pay a deposit when they make a reservation.

4.   *funeral*

The Mayor of Aix-en-Provence will attend his cousin's funeral, which will take place in Paris tomorrow.

5.   *reprisal*

For fear of a reprisal, the Egyptian government yielded to pressure from the terrorists.

6.   *baggage* (É.-U., Can.); *luggage* (G.B.)

All baggage must be checked at least thirty minutes before flight time.

7.   *wedding*

A reception will be held on June 23rd in honour of Eric's parents who are celebrating their silver wedding.

8.   *hair*

I hardly recognized Geneviève when I met her at the airport: she had had her hair cut and bleached.

9.   *science*

Professor Pierre Costabel was known for his numerous publications in the field of history of science.

10.   *research*

For three years, my room-mate has been doing research for her thesis every day except Sunday from nine until six.

11.   *currency*

My secretary has gone to the nearest bank to exchange some foreign currency.

12.   *merchandise*
        expense

The merchandise will be packed and shipped at the buyer's expense.

13. *transportation*

The minister believes that, if public transportation were better, there would be fewer cars in our cities and therefore fewer traffic jams.

14. *[customs] duty*

If you buy as many things in France as Marie, you'll have to pay customs duty when you return to Canada.

15. *seafood*

The day before yesterday, we had lunch at a restaurant where fish and seafood are the specialties.

16. *business*

In business, speed and efficiency are of supreme importance, because time is money.

EXERCICE XA

Les expressions figées métaphoriques ou pittoresques

L'Arche de Noé II

Relevez l'expression figée, métaphorique ou pittoresque, qui figure dans chaque phrase et trouvez l'équivalent anglais, pittoresque ou non. Ensuite, traduisez chaque phrase en tenant compte des autres unités de traduction.

1.   Tu peux t'en servir, tu sais: ce n'est pas fait pour les chiens!

       Expression figée:

2.   Le père et la fille ne s'adressent plus la parole: à table, ils se regardent en chiens de faïence.

       Expression figée:

3.   On essayait de s'entendre sur les modalités du contrat, quand mon frère est arrivé comme un chien dans un jeu de quilles.

       Expression figée:

4.   Mais non, Mademoiselle, ce n'est pas une dissertation: c'est de la bouillie pour les chats!

       Expression figée:

5.   Une lettre de Paulette! Nous n'arriverons jamais à déchiffrer ces pattes de mouche.

Expression figée:

6.   Les films d'épouvante me donnent la chair de poule.

Expression figée:

7.   À la campagne, on se lève au chant du coq et on se couche avec les poules.

Expressions figées:

8.   Tu veux savoir quand je te prêterai mon nouvel appareil photo? Quand les poules auront des dents!

Expression figée:

9.   Depuis son mariage, mon oncle vit comme un coq en pâte.

Expression figée:

10.   On n'a rien compris au discours du candidat: il passait constamment du coq à l'âne.

Expression figée:

11.   Ta cousine devrait vraiment faire un petit effort: elle parle français comme une vache espagnole.

Expression figée:

12.   Je suis d'autant plus heureux du succès de son roman qu'il a mangé de la vache enragée pendant qu'il l'écrivait.

Expression figée:

13.   «Tu as dû passer de bonnes vacances… — Tu veux rire! À la plage, sans voiture, on s'ennuie comme un rat mort!»

Expression figée:

14.   Mon chien a l'air féroce, mais il est doux comme un agneau.

Expression figée:

15.   Couvre-toi bien avant de sortir, parce qu'il fait un froid de canard.

Expression figée:

16.   Cette enfant chante à longueur de journée: elle est gaie comme un pinson.

Expression figée:

17.   Puisque ta belle-soeur a un appétit d'oiseau, il n'est pas étonnant qu'elle soit aussi mince.

Expression figée:

EXERCICE XB

Les expressions figées métaphoriques ou pittoresques dans l'anglais familier

The Birds and the Bees II

Trouvez l'équivalent, pittoresque ou non, de chacune des expressions en italique. Ensuite, en tenant compte des unités de traduction, traduisez la phrase dans son entier.

1. In summer, *she rises with the lark* every day; but, in winter, she likes to have a long lie on Sundays.

2. We're making a profit; unfortunately, my eldest brother always manages to *take the lion's share*.

3. *Let's kill two birds with one stone*: come when the documents are ready to sign and I'll dictate the letter to you.

4. "That sweater really isn't the colour I wanted...." *"You mustn't look a gift horse in the mouth!"*

5. We hear he'll be earning two hundred thousand dollars a year, which should *keep the wolf from the door*.

6.   Philippe and his sister *fought like cat and dog* when they were little.

7.   "Is it far from London to Paris *as the crow flies?*" "No, not very."

8.   My boss *is like a bear with a sore paw this morning*; I wonder what's the matter?

9.   I think your friend Pierre *has a tiger by the tail!*

10.   "What happened when he told them his story?" *"It really set the cat among the pigeons!"*

11.   What's the use of complaining? It's time to *take the bull by the horns.*

12.   "That's too good to be true!" "But it is true: *I got it straight from the horse's mouth."*

EXERCICE XIA

Les incises et les compléments circonstanciels de manière

Avant de traduire chaque section de l'exercice suivant, identifiez l'incise, le complément circonstanciel de manière et le verbe introduisant le discours direct (s'il y en a un).

MODÈLE

«Bonjour, André! dit sa soeur avec un grand sourire. Ça fait toujours plaisir de te voir.» Elle ajouta: «Entre donc te réchauffer.»

Incise: dit sa soeur
Complément circonstanciel de manière: avec un grand sourire
Verbe introduisant le discours direct: elle ajouta

("Hello,   André!" his sister said with a big smile.   "It's always   (a pleasure to see you."
("Hi, (É.-U.)   (good
                                                                     (nice

She added: ("Do come in   and get warm."
                  ("Come on in (É.-U.)
                  ("Come along in

En traduisant ce qui suit, trouvez, pour le verbe de chaque incise et de chaque proposition introduisant le discours direct, un équivalent anglais à la fois précis et idiomatique.[1] Il faudra parfois traduire le complément circonstanciel de manière assez librement.

1.   «C'est enfin décidé. On part demain», annonça Arthur brusquement. Sa femme protesta, plaintive:[2] «Mais on n'aura pas le temps de faire les valises!»

    Incise(s):
    Complément(s) circonstanciel(s):
    Verbe(s) introduisant le discours direct:

---

[1] Remarquez qu'on utilise l'inversion dans l'incise, mais non dans la proposition introduisant le discours direct.

[2] Grevisse (1969), §202, précise que le complément circonstanciel peut être un adjectif.

94

2.   «Il neige!» s'exclama la tante Élisabeth, en regardant par la fenêtre. Elle soupira: «Je m'en doutais bien!»

   Incise(s):
   Complément(s) circonstanciel(s):
   Verbe(s) introduisant le discours direct:

3.   «Si nous allions à l'exposition tout à l'heure?» demanda le jeune homme, posant sur elle un regard câlin. Il ajouta: «On pourrait aller prendre un verre après.»

   Incise(s):
   Complément(s) circonstanciel(s):
   Verbe(s) introduisant le discours direct:

4.   «Vous êtes sûre qu'il n'y a plus rien à faire, Madame? interrogèrent les deux serveuses, inquiètes. — On peut rester si vous le désirez,» proposa la plus jeune.

   Incise(s):
   Complément(s) circonstanciel(s):
   Verbe(s) introduisant le discours direct:

5.   «C'est très simple: il faut attendre, lança-t-il d'un ton cassant. — Mais je vais devenir folle si on me demande d'attendre plus longtemps!» sanglota la jeune femme.

      Incise(s):
      Complément(s) circonstanciel(s):
      Verbe(s) introduisant le discours direct:

6.   «Et tu ne sais vraiment pas à quelle heure il rentre?» insista-t-elle, furieuse. Paul bredouilla: «Euh... non... euh... non, je ne sais vraiment pas.»

      Incise(s):
      Complément(s) circonstanciel(s):
      Verbe(s) introduisant le discours direct:

7.   «Elle est mariée? demandai-je. — Plus maintenant, rétorqua l'avocat d'un ton bourru. On a divorcé il y a deux ans. Et elle a repris son nom de jeune fille.»

      Incise(s):
      Complément(s) circonstanciel(s):
      Verbe(s) introduisant le discours direct:

8. «Au pis aller, risquai-je à voix basse, on pourrait demander aux voisins d'appeler le commissariat.» Il hocha la tête. «Je ne crois pas.»

    Incise(s):
    Complément(s) circonstanciel(s):
    Verbe(s) introduisant le discours direct:

9. «Tu romps nos fiançailles! C'est gentil de ta part!» ironisa-t-elle. Sans réfléchir, elle ajouta: «Si tu crois que je vais te rendre ta bague, tu te fais des illusions!»

    Incise(s):
    Complément(s) circonstanciel(s):
    Verbe(s) introduisant le discours direct:

10. «Je ferai ce que tu voudras, répéta-t-elle. — Ah ça, je n'en doute pas, répondit-il en l'embrassant sur le front. Mais cela ne servira à rien: il est déjà trop tard.»

    Incise(s):
    Complément(s) circonstanciel(s):
    Verbe(s) introduisant le discours direct:

EXERCICE XIB

Les incises et les compléments circonstanciels de manière

Comme chacun le sait, l'inversion est obligatoire dans les incises en français.

EXEMPLES

«Bien sûr, c'est normal,» *dit-elle.*
«Bien sûr, c'est normal,» *dit sa soeur.*

En anglais, l'inversion dans les incises est facultative.

EXEMPLES

"Of course, that's usual," (she said.
                          (*said she.*
"Of course, that's usual," (his sister said.
                          (*said his sister.*

REMARQUEZ qu'en français l'ordre des mots dans une incise avec nom sujet n'est pas le même que celui qui s'impose dans l'interrogation avec inversion.

EXEMPLES

i.   incise: «Cette affaire est grave,» *dit l'orateur.*

ii.   interrogation: *L'orateur a-t-il dit* cela?

REMARQUEZ aussi que, quand l'incise fait partie de la narration d'un roman, le verbe se met le plus souvent au passé simple (qui est le temps de la narration dans le passé). Ce verbe est souvent accompagné d'un complément circonstanciel de manière.

Traduisez, en mettant le verbe de chaque incise au passé simple et en utilisant l'inversion.

1.   "Don't make a noise, the children are sleeping," whispered Yvette anxiously.

2.   "We were held up by the storm," they explained, obviously glad to have arrived at last.

3.   "You can come in now, it's ready," she told them happily.

4.   "All the same, I'd have liked to have a real holiday in California for once," sighed Marguerite.

5.   "Can I help you to start your car?" the stranger asked him kindly.

6.   "There's really nothing left to do," she reassured them with a big smile.

7.   "That child looks tired," M. Thierry pointed out, frowning.

8.   "I could do the shopping instead of Robert, if he's not feeling well," ventured Annie, her voice trembling.

9.   "Young people are all the same," muttered their grandmother under her breath. "Selfish, I call it."

10.   "Anne!" he exclaimed, blushing. "That's not an idea you should take seriously!"

11.   "It's my money!" she retorted, surprised and indignant. "I'll do what I like with it!"

12.   "Don't leave me all alone," begged the child in a plaintive voice. "Don't, please."

13.   "Mado! Suzon!" yelled the boss angrily. "Get in here immediately! I need you!"

14.   Marie said, in a thoughtful tone: "Maybe you're right. Yes," she added, louder, "of course you're right."

15.   "What about your nephew?" Mme Arnaud asked suddenly. "How will we be able to explain to him everything that's happened?"

EXERCICE XIIA

Avec ou ... sans?

En traduisant chacune des phrases suivantes, vous utiliserez la préposition *with* là où elle s'impose. Chaque fois que vous l'aurez utilisée, vous prendrez bonne note de son équivalent français. Cela vous préparera à traduire les phrases anglaises de la partie B.

MODÈLE

Elle se retourna, les poings fermés,[1] trépignant de rage. «Arrête de pianoter sur la table quand je te parle!»

She turned [round],   (with clenched fists,   (absolutely furious.[2]
                      (her fists clenched,   (hopping mad. (É.-U., Can., fam.)

"Stop drumming on the table when I'm talking to you!"

1.   «À ton âge, tu n'as pas honte de promener ce nounours partout? — Pas du tout! Je refuse de m'en séparer!»

2.   «C'était un grand barbu aux yeux noirs, répliqua-t-elle. Il portait une veste bordeaux à col de velours sur un pull ras du cou.»

---

[1] Mais *dormir à poings fermés* (au sens figuré) signifie: dormir profondément.

[2] *trépigner*: frapper des pieds contre terre à plusieurs reprises d'un mouvement rapide, en restant sur place *(PR)*.

3. «Le problème des personnes sans domicile fixe[3] ne nous lâche pas, affirma le président. Et cela risque de s'aggraver avec le temps.»

4. «Qu'est-ce que tu as? Tu n'es pas content de ce que tu as vu?» Il haussa les épaules.

5. Les passagers munis de cartes d'accès à bord[4] sont priés de se rendre à la porte n° 16.

6. «Qui est le petit garçon à l'oeil au beurre noir? — C'est Paul, le neveu de Mme Mignon.»

7. Il prit le gros volume à deux mains et le posa sur sa table de travail.

8. «Ma bru est retenue au lit par la grippe,» dit-elle. Sur ce, elle ferma la porte.

---

[3] Dans la presse, on écrit volontiers: *les SDF*; on parle aussi des *sans-abri*.

[4] Au Canada, on dit plutôt: *une carte d'embarquement.*

9.   Avec une brosse dure, je me mis à frotter la tache qui, pourtant, ne partit point.

10.   «À quelques exceptions près, dit-elle, les romans russes se lisent très facilement.» Il fronça les sourcils. «Je ne suis pas de votre avis.»

11.   C'était une petite maison à toit d'ardoises; je me rappelle que les balcons s'ornaient de chèvrefeuille.

12.   Étendez la pâte au rouleau et chemisez-en un moule à tarte.

13.   Selon les médias, il aurait agi dans le seul but de s'enrichir aux dépens du peuple canadien.

14.   «Tu écris de la main gauche? Moi aussi. — Ah bon? Je te croyais droitier...»

EXERCICE XIIB

Avec ou ... sans?

La préposition *with* pose de nombreux problèmes pour le traducteur, et parfois les étudiants anglophones emploient la préposition *avec* là où il ne faudrait pas.

I.   Il arrive, évidemment, que *with* corresponde à la préposition *avec*:

      1.   pour exprimer le complément circonstanciel de moyen ou d'instrument:

          to cut sthg *with* a knife: couper qqch *avec* un couteau[1]
          to write *with* a felt pen (etc.): écrire   (*avec* un feutre
                                             (*au* feutre
          to walk *with* a cane: marcher (*avec* une canne
                                            (*à l'aide d'*une canne

      2.   dans le complément circonstanciel d'accompagnement:

          He used to travel *with* his uncle.
          Il voyageait *avec* son oncle.

          He lives *with* his uncle [in his own house or in a shared house].
          Il vit *avec* son oncle.

          MAIS

          He lives *with* his uncle [in his uncle's house].
          Il vit *chez* son oncle.

      3.   pour exprimer la simultanéité dans un complément circonstanciel de temps:

          to rise *with* the sun: se lever   (*avec* le jour
                                         (*au* chant du coq

II.   Le plus souvent, cependant, *with* ne correspond pas à *avec*. La liste qui suit présente certaines possibilités courantes, mais n'est nullement exhaustive.

      1.   Parfois, la préposition *with* disparaît quand on traduit en français. C'est souvent le cas dans le complément circonstanciel de manière qui fait partie de la description d'une personne:

          i.   Au sens propre:

          with clenched fists: les poings serrés
          with an air of resignation: l'air résigné
          with his hands between his knees: les mains entre les genoux

---

[1] Mais, au sens figuré, on dit: *un brouillard à couper au couteau*.

ii.   Au sens figuré:

to welcome s.o. *with open arms*: accueillir qqn *les bras ouverts*

2.   Dans le complément déterminatif (ou nom complément du nom) qui fait partie d'une description, *with* correspond à la préposition *à*:

the man *with* greying hair: l'homme *aux* cheveux grisonnants
the child *with* freckles: l'enfant *aux* taches de rousseur

a house *with* a flat roof: une maison *à* toit plat

3.   Parfois, la préposition *with* fait partie d'une locution verbale, c'est-à-dire, d'une unité de traduction.

i.   La locution verbale anglaise correspond à une locution verbale française. *With* a pour équivalent la préposition qui fait partie de cette locution verbale:

not to know what to do *with* sthg: ne pas savoir   (quoi faire *de* qqch
                                                          (que

to make do *with* sthg: se contenter *de* qqch

to be in love *with* s.o.: être amoureux *de* qqn

to be covered *with* sthg: être [re]couvert *de* qqch
to be lined *with* sthg (en parlant d'un vêtement): être doublé *de* qqch
to be edged *with* sthg: être bordé *de* qqch
to be spattered *with* sthg: être taché *de* qqch

That has nothing to do *with* the matter.
(C'est sans rapport *avec* la question.
(Ça n'a rien à voir *avec* la question.

ii.   La locution verbale anglaise correspond à un verbe français et *with* disparaît:

It's nothing to do *with* me!
Cela ne me regarde pas!

4.   Quand *with* exprime la cause, son équivalent français peut être *de*:

to shiver *with* cold: frissonner *de* froid
to tremble *with* rage: trembler *de* fureur
white *with* snow: blanc *de* neige

5.   Quand *with* exprime une opposition ou une concession, son équivalent français est *en dépit de* ou *malgré*:

With all his faults[2], she loves him:
(*En dépit de* tous ses défauts, elle l'aime.
(*Malgré* tous ses défauts,

6.   Suivi d'une négation, *with* correspond à *sans*:

It was a cold room *with no* fire.[3]
C'était une salle froide,   (*sans* feu.
                                   (*où il n'y avait pas de* feu.

7.   Parfois, au lieu de traduire *with*, il faut exprimer l'idée plus longuement, avec une plus grande précision:

With the inflation rate high, life was hard for everyone.
(Le taux de l'inflation était *si* élevé *que* la vie était dure pour tout le monde.
(*Puisque* le taux de l'inflation était élevé, la vie était dure pour tous.

With the dog barking and Anne listening to the radio, I couldn't work.
À cause du chien qui aboyait et d'Anne qui écoutait la radio, je n'ai pas pu travailler.

Avant de traduire les phrases qui suivent, vous réfléchirez non seulement aux remarques ci-dessus mais aussi aux exemples fournis par l'exercice précédent. Vous choisirez pour la préposition *with* l'équivalent français qui s'impose.

MODÈLE

He filled my glass with wine and asked quietly, "Do you have the letter with you?"

Il remplit mon verre de vin et demanda posément, «As-tu la lettre sur toi?»

Traduisez en français:

1.   It all began with the decision to collect[4] books for underprivileged children.

---

[2] C'est-à-dire, *in spite of all his faults.*

[3] C'est-à-dire, *without a fire.*

[4] *To collect*, dans ce contexte, signifie: recueillir des dons. Utilisez *collecter*.

2.   With no difficulty at all, the lawyer convinced the jury of his client's innocence.

3.   He thumped his fist on the table. She stammered, "You mustn't be angry with me."

4.   I would never have believed it if I hadn't seen it with my own eyes.

5.   With his American accent, no-one realizes he was born in Germany and lived there until he was eighteen.

6.   "She was annoyed?" He replied with a smile, "Let's say she wasn't exactly wild with delight."

7.   People who do a lot of camping generally prefer automobiles with four-wheel drive.

8. "We must leave the baby with your sister," he repeated. She turned away, with tears in her eyes.

9. Outside the theatre, plain-clothes policemen mingled with the crowd as discreetly as possible.

10. With the noise of the vacuum cleaner, I never even heard the phone.

11. The concert, which had begun with Mendelssohn's violin concerto, ended with Beethoven's Fifth.[5]

12. "And now you want me to believe you're madly in love with some idiot you met at your health club..."[6] "To begin with, he's not an idiot..."

---

[5] Beethoven's Fifth [Symphony].

[6] *health club*: club (m.) de mise en forme

EXERCICE XIIIA

Les divers compléments circonstanciels

Pour la forme et la fonction du complément circonstanciel, voir l'Exercice VI.

Circonstances marquées par le complément circonstanciel:

1. Accompagnement ou privation:

   Je vais au théâtre *avec ma mère*.
   Je suis partie *sans mon sac à main*.

2. Agent:

   Elle a été interrogée *par la police*.
   Le trottoir était encombré *de bicyclettes*.

3. But:

   Elle travaille *pour la paix*.
   J'ai voté *contre ce candidat*.

4. Cause:

   Il est arrivé en retard *à cause de la tempête*.
   Elle est morte *d'une crise cardiaque*.

5. Concession (ou opposition):

   Quoiqu'il fasse très froid, nous ferons du ski.
   Je l'ai fait *malgré les enfants*.

6. Condition:

   Si tu téléphonais à ta mère, elle viendrait nous aider.

7. Conséquence (ou résultat):

   Il a disparu, *si bien qu'on ne peut pas l'interroger*.

8. Lieu:

   Nous étions *en montagne*.
   Elle alla *vers la porte*.

9. Manière:

Elle parlait *d'une voix douce.*
Il marchait *les mains dans les poches.*

10. Moyen ou instrument:

La broderie se fait *à la main.*
On tranche le pain *avec un couteau.*

11. Partie:

Il a pris la casserole *par le manche.* He picked up the saucepan *by the handle.*

12. Point de vue:

Leur équipe a battu la nôtre *au baseball.*

13. Quantité ou degré

Elle parle *trop.*

14. Restriction:

Pour autant que je sache, il est toujours à Paris. *As far as I know*, he is still in Paris.

15. Temps:

Je suis parti *à quatre heures.*
Elle reviendra *samedi.*

Si nécessaire, consultez Grevisse (1969) (§§199-203) avant de commencer.

Avant de traduire chacune des phrases suivantes, relevez chaque complément circonstanciel et indiquez sa nature et le verbe qu'il qualifie.

MODÈLE

«Ce jour-là, leur dit-elle patiemment, l'enfant a été puni de sa paresse.»

c.c. de temps: ce jour-là
c.c. de cause: de sa paresse
Verbe qualifié: a été puni

c.c. de manière: patiemment
verbe qualifié: dit

"That day," she told them patiently, "the child was punished for his laziness."

110

1.   Elle a tout de suite répondu à ma question avec un enthousiasme évident: «Je ne demande pas mieux!»

        Complément(s) circonstanciel(s):
        Circonstance(s) marquée(s):

2.   Pendant ce temps, faites chauffer l'huile d'olive dans une grande sauteuse antiadhésive et ajoutez le beurre.

        Complément(s) circonstanciel(s):
        Circonstance(s) marquée(s):

3.   Sauf erreur de ma part, c'est Jean Giono qui a écrit le roman dont tu parlais.

        Complément(s) circonstanciel(s):
        Circonstance(s) marquée(s):

4.   Une fois le traité de paix signé, le rapatriement des prisonniers de guerre commença.

        Complément(s) circonstanciel(s):
        Circonstance(s) marquée(s):

5.   Bien que quatre sans-abri soient morts de froid à Paris depuis le début du mois, certains refusent catégoriquement de se rendre dans un centre d'accueil.

     Complément(s) circonstanciel(s):
     Circonstance(s) marquée(s):

6.   Avec une inquiétude croissante, Paul regardait par la fenêtre. À la tombée de la nuit, la neige avait repris de plus belle.

     Complément(s) circonstanciel(s):
     Circonstance(s) marquée(s):

7.   Après le naufrage du superpétrolier, une marée noire menaçait les côtes de l'Alaska.

     Complément(s) circonstanciel(s):
     Circonstance(s) marquée(s):

8.   «Ça me fait un drôle d'effet de partir en vacances sans mon mari, avoua-t-elle avec un petit sourire triste. Mais je ne peux pas faire autrement.»

     Complément(s) circonstanciel(s):
     Circonstance(s) marquée(s):

9.   Après plus de deux mois d'interruption, un nouvel attentat-suicide a été commis mercredi 3 mars, à Jérusalem.

       Complément(s) circonstanciel(s):
       Circonstance(s) marquée(s):

10.   «Pour profiter du tarif le plus avantageux, expliqua-t-il, on doit réserver son billet d'avion longtemps à l'avance et de préférence sur Internet.»

       Complément(s) circonstanciel(s):
       Circonstance(s) marquée(s):

11.   Dans la capitale, le nombre de meurtres a fortement augmenté au cours des derniers mois.

       Complément(s) circonstanciel(s):
       Circonstance(s) marquée(s):

12.   Afin de stimuler le commerce extérieur, le gouvernement mexicain dévalua le peso.

       Complément(s) circonstanciel(s):
       Circonstance(s) marquée(s):

EXERCICE XIIIB

Les divers compléments circonstanciels

Avant de traduire en français chacune des phrases suivantes, identifiez chaque complément circonstanciel qui y figure, et indiquez la circonstance marquée par ce complément.

MODÈLE

The Dean of the Faculty of Arts has resigned for reasons of health.

Complément circonstanciel: for reasons of health
Circonstance marquée: cause

Le doyen de la Faculté des Lettres a donné sa démission pour raison(s) de santé.

1. In the course of the day, the weather will deteriorate rapidly; rain will reach the Paris area around noon.

    Complément(s) circonstanciel(s):
    Circonstance(s) marquée(s):

2. Despite her fatigue, the hostage managed to tell the police the whole story.

    Complément(s) circonstanciel(s):
    Circonstance(s) marquée(s):

3. To take advantage of the reduced rate, make your phone calls on weekdays after 7 p.m.

    Complément(s) circonstanciel(s):
    Circonstance(s) marquée(s):

114

4.   The three teenagers were sentenced to five years in jail for armed robbery.

       Complément(s) circonstanciel(s):
       Circonstance(s) marquée(s):

5.   According to Unesco, world-wide population increase will lead to a shortage of water by 2050.

       Complément(s) circonstanciel(s):
       Circonstance(s) marquée(s):

6.   During the first three years of his presidency, nuclear disarmament negotiations made almost no progress.

       Complément(s) circonstanciel(s):
       Circonstance(s) marquée(s):

7.   At the beginning of April, the World Health Organization announced that the epidemic had affected more than 3000 people in some 15 countries.

       Complément(s) circonstanciel(s):
       Circonstance(s) marquée(s):

8.   After giving evidence at the trial, she agreed to be interviewed by the media.

        Complément(s) circonstanciel(s):
        Circonstance(s) marquée(s):

9.   At midnight on the 31st December 2001, the euro, Europe's new currency, was greeted
        with enthusiasm in the twelve countries that have so far adopted it.

        Complément(s) circonstanciel(s):
        Circonstance(s) marquée(s):

10.   Before crossing the street, she took her little sister by the hand as her mother had asked her.

        Complément(s) circonstanciel(s):
        Circonstance(s) marquée(s):

11.   He was obliged to withdraw his candidacy for lack of financial backing.

        Complément(s) circonstanciel(s):
        Circonstance(s) marquée(s):

12.   The police stated that the car had been stolen because of the old man's carelessness.

Complément(s) circonstanciel(s):
Circonstance(s) marquée(s):

13.   White with terror, the murderer awaited the court's decision without saying a word.

Complément(s) circonstanciel(s):
Circonstance(s) marquée(s):

14.   Abandoned by her family and friends, she tried to commit suicide.

Complément(s) circonstanciel(s):
Circonstance(s) marquée(s):

EXERCICE XIVA

Les niveaux de langue II

Avant de commencer, relisez les explications qui précèdent l'Exercice IIIA et étudiez les exemples.

Identifiez le niveau de langue de chacune des phrases qui suivent avant de la traduire. Si le français est soigné ou familier, relevez les éléments qui l'indiquent; pour les phrases en français standard, il n'y aura rien à signaler.

1. «Diffuser des images de prisonniers de guerre viole les conventions de Genève,» affirma un porte-parole de la Croix-Rouge.

   Niveau de langue:
   Éléments qui l'indiquent:

2. «J'ai eu un mal fou à me lever ce matin, dit-elle en bâillant. — Je parie que tu as encore regardé un vieux film à la télé jusqu'à pas d'heure!»

   Niveau de langue:
   Éléments qui l'indiquent:

3. Le lendemain, on sonna chez moi de très bonne heure. Après quelques instants d'hésitation, j'ouvris la porte. Il n'y avait personne.

   Niveau de langue:
   Éléments qui l'indiquent:

118

4. «Dès qu'on se penche sur le problème du tabagisme passif, expliqua le ministre, on se heurte à l'inconscience de certains fumeurs.»

    Niveau de langue:
    Éléments qui l'indiquent:

5. Aux États-Unis, depuis les attentats du 11 septembre 2001, la protection contre les actes terroristes n'est plus intégrée dans toute police d'assurance.

    Niveau de langue:
    Éléments qui l'indiquent:

6. Portez la sauce à ébullition en remuant. Ajoutez deux cuillerées à café de kirsch et laissez refroidir.

    Niveau de langue:
    Éléments qui l'indiquent:

7. «T'as fait quoi, avec ta soeur? — On a piapiaté![1] Qu'est-ce qu'on a piapiaté! Après tout, on ne s'était pas vues depuis des mois…»

    Niveau de langue:
    Éléments qui l'indiquent:

8. La politique d'acquisitions de notre bibliothèque nous permet d'acheter un certain nombre d'ouvrages scientifiques en langues étrangères.

    Niveau de langue:
    Éléments qui l'indiquent:

9. Le pourcentage de Français qui lisent régulièrement un quotidien s'est effondré en une trentaine d'années, sans doute à cause de la concurrence de la télévision.

    Niveau de langue:
    Éléments qui l'indiquent:

---

[1] *piapiater*: bavarder, causer.

10. Lentement, trop lentement, lorsqu'il était déjà trop tard, le vent s'apaisa. Et à l'aube il ne pleuvait plus.

   Niveau de langue:
   Éléments qui l'indiquent:

11. «T'as trouvé un boulot! C'est génial! On va arroser ça! — D'accord, mais pas ce soir: je suis crevé.»

   Niveau de langue:
   Éléments qui l'indiquent:

12. «Certains estiment que les coups de colère et même les discours passionnés siéent mal à un homme d'état, expliqua-t-il. Mais on ne peut pas toujours garder son sang-froid.»

   Niveau de langue:
   Éléments qui l'indiquent:

13. L'affaiblissement du dollar, qui a perdu 15% de sa valeur face au yen en deux jours, pourrait annoncer la fin du cycle de croissance aux États-Unis.

    Niveau de langue:
    Éléments qui l'indiquent:

14. Le dimanche, à Paris, les cyclistes débordent des zones réservées aux vélos et envahissent les espaces piétons et les voies d'autobus.

    Niveau de langue:
    Éléments qui l'indiquent:

EXERCICE XIVB

Les niveaux de langue II

Avant de commencer, relisez les explications qui précèdent l'Exercice IIIB, et étudiez les exemples.

Identifiez le niveau de langue de chacune des phrases qui suivent avant de la traduire. Si l'anglais est soigné ou familier, relevez les éléments qui l'indiquent; pour les phrases en anglais standard, il n'y aura rien à signaler.

1.   On Thursday, in the late afternoon, a serious accident on the highway left two dead and six injured.

   Niveau de langue:
   Éléments qui l'indiquent:

2.   "You don't see Martine any more? But why? I thought you guys were really tight..." "I don't even want to go there!"

   Niveau de langue:
   Éléments qui l'indiquent:

3.   As soon as he has arrived, he'll have to phone the office and explain why he missed the plane this morning.

   Niveau de langue:
   Éléments qui l'indiquent:

4. Beat the egg yolks with the sugar, and add the rind and juice of two limes. Set aside. Beat the egg whites stiff.

    Niveau de langue:
    Éléments qui l'indiquent:

5. Towards midnight, the full moon vanished behind the racing clouds, and the North wind brought the first snowflakes of that long, sad winter.

    Niveau de langue:
    Éléments qui l'indiquent:

6. In Europe, the tourist industry did not experience the lasting slowdown that was expected after the war in Iraq.

    Niveau de langue:
    Éléments qui l'indiquent:

7.   According to health professionals, eating disorders like anorexia and bulimia are hard to diagnose and even harder to treat.

     Niveau de langue:
     Éléments qui l'indiquent:

8.   "So would you tell her? I'd tell her myself, only it's … like … embarrassing…" "Get a life! It's your responsibility!"

     Niveau de langue:
     Éléments qui l'indiquent:

9.   Shortly before the election, the president reiterated his intention of lowering taxes to stimulate the economy.

     Niveau de langue:
     Éléments qui l'indiquent:

10.   A spokesperson for the United Nations stated this morning that half of the world's poorest people live in cities at the present time.

Niveau de langue:
Éléments qui l'indiquent:

11.   "So there was this storm, and he was like three hours late, and I'm waiting at the airport, worrying big time…"

Niveau de langue:
Éléments qui l'indiquent:

12.   It is expected that the standard of living in Canada will fall sharply in the next two decades.

Niveau de langue:
Éléments qui l'indiquent:

13. Pierre Elliot Trudeau, who was Prime Minister of Canada for more than 15 years starting in 1968, died in Montreal on the 28th September 2000, at the age of 80.

   Niveau de langue:
   Éléments qui l'indiquent:

14. "That only confirms what we already knew: global warming leads to climate change," he said.

   Niveau de langue:
   Éléments qui l'indiquent:

EXERCICE XVA

Les onomatopées

Le *Petit Robert* définit l'onomatopée comme un «mot ... suggérant par imitation la chose dénommée». Très souvent, l'onomatopée suggère un son.

EXEMPLES

aboyer	: to bark
bêler	: to bleat
tousser	: to cough

Pourtant, l'onomatopée peut suggérer une action.

EXEMPLES

scintiller	: to twinkle, sparkle
s'effriter	: to crumble away
clignoter	: to blink

Comme les exemples ci-dessus le démontrent, il est souvent possible de trouver une onomatopée anglaise qui corresponde bien à une onomatopée française donnée.

Dans cet exercice, indiquez le niveau de langue et identifiez les onomatopées avant de traduire chaque phrase en anglais. Dans certaines phrases, il y a plus d'une onomatopée: à vous de décider!

1.　　Ils furent réveillés à l'aube par un merle qui sifflait dans le pommier devant leur fenêtre.

　　　Onomatopée(s):
　　　Niveau de langue:

2.　　Elle frissonna. «Tu as froid?» lui demanda-t-il. Elle hésita, puis hocha la tête. «Non, ce n'est pas ça. J'ai peur.»

　　　Onomatopée(s):
　　　Niveau de langue:

3.   Mille abeilles bourdonnaient dans les lavandes qui fleuraient bon dans la chaleur de cette fin d'après-midi.

Onomatopée(s):
Niveau de langue:

4.   La fillette retint son haleine en passant devant la porte du vieillard; celui-ci, pourtant, ronflait paisiblement.

Onomatopée(s):
Niveau de langue:

5.   Blessé, le chauffeur lâcha le volant, et la Renault vira brusquement dans un crissement de pneus.

Onomatopée(s):
Niveau de langue:

6.   Quand elle descendit, le champagne pétillait déjà dans les coupes et les bijoux des convives étincelaient à la lumière des chandelles.

Onomatopée(s):
Niveau de langue:

7.   En automne, quand souffle le vent du nord, il fait bon se chauffer devant les bûches qui crépitent dans la cheminée.

Onomatopée(s):
Niveau de langue:

8.   Un café bien serré et du pain croustillant avec de la confiture d'abricots: il n'y a rien de meilleur pour le petit déjeuner!

Onomatopée(s):
Niveau de langue:

9.   La secrétaire, qui attendait depuis quelque temps, toussota discrètement pour avertir le directeur de sa présence.

Onomatopée(s):
Niveau de langue:

10.   En entendant claquer la porte, Mme Mathieu comprit que son mari était parti sans lui dire au revoir.

Onomatopée(s):
Niveau de langue:

11.   Le roulis et le tangage du paquebot ne tardèrent pas à donner le mal de mer à la plupart des passagers.

Onomatopée(s):
Niveau de langue:

12.   Par les après-midi ensoleillés, on s'allongeait sur l'embarcadère pour parler de nos projets et écouter le doux clapotis de l'eau au-dessous de nous.

Onomatopée(s):
Niveau de langue:

13.   Les enfants, aussitôt que je vous verrai bâiller, je vous enverrai tous au lit!

Onomatopée(s):
Niveau de langue:

EXERCICE XVB

Les onomatopées

Nous avons déjà vu que l'onomatopée est un mot qui, par imitation phonétique, suggère un son ou une action.

EXEMPLES

marteler	:	to hammer
miauler	:	to mew
glousser	:	to cluck
frissonner	:	to shiver
balancer	:	to swing

Avant de traduire en français chacune des phrases qui suivent, identifiez les onomatopées qui y figurent et indiquez le niveau de langue.

1.   That night, she explained, she had slept badly because of the hail drumming on the window-panes.

        Onomatopée(s):
        Niveau de langue:

2.   I hear tissue-paper rustling! What pretty thing have you bought this time?

        Onomatopée(s):
        Niveau de langue:

3.   The child fell asleep at last, reassured by the purring of the kitten in her arms.

        Onomatopée(s):
        Niveau de langue:

132

4.   He could hear his mother humming a little Irish tune as she set the table for dinner.

   Onomatopée(s):
   Niveau de langue:

5.   As it opened, the door of the wine-cellar creaked ominously.

   Onomatopée(s):
   Niveau de langue:

6.   The warm south wind, murmuring in the leaves, soon made them forget their sorrows.

   Onomatopée(s):
   Niveau de langue:

7.   Thinking she heard the dog scratching at the door, she stopped reading and put down her book.

   Onomatopée(s):
   Niveau de langue:

8. Startled, the maid dropped her tray, and the glasses shattered on the tile floor of the kitchen.

Onomatopée(s):
Niveau de langue:

9. Already they could make out the lights of the distant village twinkling in the valley.

Onomatopée(s):
Niveau de langue:

10. "Not so loud," she whispered. "If the dog starts barking, we'll be caught."

Onomatopée(s):
Niveau de langue:

11. He slapped the child for having answered his question so impertinently.

Onomatopée(s):
Niveau de langue:

12.   We listened attentively, but heard only the bleating of the sheep and goats and the twittering of some little birds.

Onomatopée(s):
Niveau de langue:

13.   The silence of that tragic night was broken only by the lonely hooting of an owl seeking its prey in the darkness.

Onomatopée(s):
Niveau de langue:

EXERCICE XVIA

Les expressions de quantité et de degré

Indiquez le niveau de langue de chaque phrase avant de la traduire:

1. Malgré le brouillard et la chaussée glissante, nous sommes arrivés bien avant les autres.

    Niveau de langue:

2. Le sinistre causa pour plusieurs millions de dollars de dommages, tant à la ville qu'à la campagne.

    Niveau de langue:

3. «Ma tante est beaucoup plus âgée qu'elle ne le paraît, expliqua-t-il. Elle doit approcher de la soixantaine.»

    Niveau de langue:

4. «Et vous êtes entièrement satisfaits de son travail, j'espère?» Elle fit une moue. «Non, pas vraiment. Certains jours, je dirais même: nullement.»

    Niveau de langue:

5.   «Tu achèteras 3 gros artichauts, 500 grammes de haricots verts, une douzaine d'oeufs et un litre de lait, dit sa mère. Et n'oublie pas de prendre le pain.»

   Niveau de langue:

6.   La majorité des votants sont pour le contrôle des naissances, mais un fort pourcentage d'entre eux est contre l'interruption volontaire de grossesse.

   Niveau de langue:

7.   «Je crois qu'elle est un tantinet inquiète… — Elle inquiète? Tu veux rire!»

   Niveau de langue:

8.   Selon le journal télévisé, des tornades auraient fait une vingtaine de morts et deux fois plus de blessés, au Texas et en Louisiane.

   Niveau de langue:

9.   L'automobiliste avoue qu'il roulait à toute vitesse au moment où il a dérapé dans un virage.

   Niveau de langue:

10.   Son amie lui a offert les deux derniers romans d'Anne Hébert, et il est tout heureux d'avoir de quoi lire dans l'avion.

   Niveau de langue:

11.   «Il est prudent? — Oh oui! Très; peut-être même trop; mais personne ne songerait à le lui reprocher, tant il est respecté.»

   Niveau de langue:

12.   Il prétend que l'équipe de Russie de hockey sur glace est nettement supérieure à celle du Canada, à bien des égards.

   Niveau de langue:

13.   Les pays du tiers-monde, ou pays non-alignés, exerceront à l'ONU de plus en plus d'influence à mesure qu'ils s'industrialiseront.

   Niveau de langue:

14.   L'adolescent a pris la voiture sans demander la permission à sa mère, et, pire encore, il venait de passer la soirée à boire avec ses copains.

   Niveau de langue:

EXERCICE XVIB

Les expressions de quantité et de degré

Avant de traduire chacune des phrases suivantes en tenant compte du niveau de langue et des unités de traduction, relevez les expressions de quantité et de degré.

MODÈLE

Most of the students have a music lesson at least once a week.

Expression(s) de quantité: most; once a (+ expression temporelle)
Expression(s) de degré: at least

La plupart des étudiants prennent une leçon de musique au moins une fois par semaine.

1.   Some 28 million visitors go to Florence each year; but very, very few foreigners visit the industrial areas of the country.

Expression(s) de quantité:
Expression(s) de degré:

2.   The cook has already used more than half the flour we bought on Friday, all the sugar and most of the butter.

Expression(s) de quantité:
Expression(s) de degré:

3.   Devastated by civil wars in the sixteenth century, France was relatively peaceful and much more prosperous in the seventeenth.

Expression(s) de quantité:
Expression(s) de degré:

4.   "Can you lend me two hundred euros? I'll pay you back on Monday..." "I'm sorry, I've only got a hundred and twenty euros all together."

Expression(s) de quantité:
Expression(s) de degré:

5.   "That child has eaten at least twice as many cookies as her sister!" she exclaimed. "And that's far too many!"

Expression(s) de quantité:
Expression(s) de degré:

6.   After looking at easily a dozen fabrics, they asked to see some others of better quality.

Expression(s) de quantité:
Expression(s) de degré:

7.   My husband's health and my daughter's future are serious problems; frankly, my son's divorce is the least of my worries.

Expression(s) de quantité:
Expression(s) de degré:

140

8. "I don't know whether it would be brave or stupid to take part in the demonstration..."
    I laughed. "It would almost certainly be a lot stupider than you think."

    Expression(s) de quantité:
    Expression(s) de degré:

9. Jeanne's guest drank two-thirds of a bottle of Beaujolais; then he ate half the apple tart and
    asked for another cup of coffee.

    Expression(s) de quantité:
    Expression(s) de degré:

10. There were so many people standing in line outside the movie-theatre that we decided there
    would be no seats left for us.

    Expression(s) de quantité:
    Expression(s) de degré:

11. He still has about a hundred pages of Proust to read before Monday, and more than a dozen
    verbs to review.

    Expression(s) de quantité:
    Expression(s) de degré:

12.   "Did all fifteen of them come to the picnic?" She thought for a moment and then said: "If I'm not mistaken, they almost all came, as usual."

Expression(s) de quantité:
Expression(s) de degré:

13.   My room-mate is three years younger than her cousin and four years older than her twin brothers.

Expression(s) de quantité:
Expression(s) de degré:

14.   Many Americans go to the Metropolitan Museum in New York, but the foreign visitors are by far the most numerous as a rule.

Expression(s) de quantité:
Expression(s) de degré:

EXERCICE XVIIA

Mot-clé: MAIN

Traduisez en anglais en tenant compte des unités de traduction:

1.   Il fut condamné à cinq ans de prison pour vol à main armée.

2.   Si tu tiens vraiment à apprendre le français, lis tout ce qui te tombera sous la main.

3.   Les deux joueurs de tennis se sont serré la main après le match.

4.   Prière de tenir la main courante.

5.   J'ai l'impression que mon neveu disait la vérité, mais je n'en mettrais pas la main au feu.

6.   Selon la police, l'assassinat aurait été préparé de longue main.

7. L'artiste venait de mettre la dernière main au portrait de la mariée.

8. «Haut les mains!» cria le voleur d'une voix rauque.

9. Ayant les mains liées par un contrat très strict, la vedette dut refuser le rôle proposé par le jeune cinéaste.

10. «Qu'ils se disputent tant qu'ils voudront, dit-il, pourvu qu'ils n'en viennent pas aux mains!»

11. «Deux cents dollars un sweatshirt! s'exclama-t-elle. Ils n'y vont pas de main morte!»

12. La politique économique du gouvernement actuel consiste à donner d'une main pour reprendre de l'autre.

13. La femme de ménage prétend que le vase lui a échappé des mains, mais ma mère croit qu'elle l'a cassé exprès.

14. Un bon plombier ferait cette réparation en un tour de main.

15. Ce projet de loi a pour but d'aider la main d'oeuvre agricole.

16. Puisque les grèves se multiplient, il est évident que le gouvernement n'a pas la situation en main.

EXERCICE XVIIB

Mot-clé: HAND

Traduisez en français en tenant compte des unités de traduction:

1. "A bird in the hand," he said mockingly, "is worth two in the bush."

2. In his speech last night, the Foreign Minister stated that he had the situation well in hand.

3. It's up to you to make the decision: on the one hand, you'll be better paid; on the other, you'll have longer hours.

4. The lovers were walking home hand in hand from a concert when the accident occurred.

5. It's no use asking me questions about the committee's report: I had no hand in it.

146

6.   Next week at the same time, you will hear a concerto for four hands by a contemporary German composer.

7.   "What do you think of my car?"he asked. I looked at it. "Is it new?" "No, it's secondhand, one owner."[1]

8.   The storm may force the hunters to return empty-handed; if so, they will be most disappointed.

9.   Surely you don't really believe that intellectuals are never any good with their hands?

10. On several occasions during the Second World War, there was hand-to-hand combat in the streets of this little town, which is now so peaceful and picturesque.

---

[1] *one owner*: de première main (de seconde main: qui a eu deux propriétaires précédents) *(PR)*.

11.   "They forgot to take the luggage upstairs!" she exclaimed. "Paul, will you give me a hand? These suitcases are heavy."

12.   As soon as the actor had finished the famous soliloquy, the audience gave him a big hand.

13.   If it's Mme Tessier who is looking after you, you're in good hands.

14.   "I've got news," the reporter announced to his colleagues, "and I got it first-hand."

EXERCICE XVIIIA

La préposition SUR

Traduisez chacune des phrases suivantes en anglais en utilisant la préposition anglaise *on* là où elle s'impose et en prenant bonne note des autres équivalents anglais de la préposition *sur*.

MODÈLE

Le témoin n'avait pas encore dit à la police tout ce qu'il savait *sur* le crime.

The witness had not yet told the police everything he knew *about* the crime.

1. Et si la police la reconnaissait sur cette photo? Elle sentait la sueur lui couler sur le front.

2. J'hésitai, perplexe. Je finis par dire: «Il ne faut pas juger les gens sur la mine.»

3. «Ne recommence pas! dit-elle à l'enfant. On ne parle pas aux grandes personnes sur ce ton-là.»

4. Ma mère prit la tasse sur le plateau et la tendit à son amie.

5.   Quand on rentra à cinq heures, le chat de la voisine attendait sur le pas de la porte.

6.   Inquiet, il fumait cigarette sur cigarette en attendant la décision.

7.   Les enfants, vous devriez tous prendre exemple sur votre cousine Émilie.

8.   Quel que soit le problème, vous pourrez compter sur moi.

9.   «Où est la clé? — Sur la porte, comme d'habitude.»

10. «Tu as la monnaie de 500€? — Je regrette, je n'ai pas d'argent sur moi.»

11.   Elle expliqua que son arrière-grand-père s'était remarié sur le tard.

12.   Quand on est mère de famille, il est prudent d'avoir une police d'assurance sur la vie.

13.   À l'intérieur de la cathédrale, vous remarquerez les belles sculptures sur bois qui datent du treizième siècle.

14.   Sa femme l'a quitté pour un pilote de ligne, et l'enfant lui est resté sur les bras.

15.   Ils débouchèrent bientôt sur une petite place avec des marronniers tout autour.

16.   L'atelier qu'il a loué fait cinq mètres sur sept et se trouve au dernier étage d'un bel immeuble.

Exercice XVIIIB

ON (préposition ou adverbe) et SUR (préposition)

I. Comment peut-on savoir si le mot anglais *on* est une préposition ou un adverbe?

    1. Le mot anglais *on* est une préposition quand il introduit un nom ou un pronom:

        on the table; on it; on purpose.

        Le groupe de mots ainsi formé est le complément circonstanciel d'un verbe:

        I put it *on the table*. (c.c. de lieu du verbe *to put*)
        He didn't do it *on purpose*. (c.c. de manière du verbe *to do*)

    2. Mais le mot anglais *on* est un adverbe quand il s'emploie seul:

        He walked *on*. There's nothing *on*. The tap is *on*.

    3. *Sur* est toujours une préposition.

II. En tant que préposition, le mot anglais *on* peut correspondre, non seulement à *sur*, mais aussi aux prépositions *à*, *de*, *dans*, *en* et (plus rarement) *sous*. Il arrive aussi que, là où on utilise *on* en anglais, il n'y ait aucune préposition en français. Parfois, également il faut exprimer l'idée plus longuement ou d'une manière complètement différente.

L'exercice précédent vous aura déjà fourni quelques exemples des possibilités; en voici d'autres:

    1. La préposition *on* correspond à *sur*:

        on the (sidewalk (É.-U., Can.): sur le trottoir
             (pavement (G.B.):
        (MAIS: on the street: dans la rue)

        on a desert island: sur une île déserte
        (MAIS: on the île aux Moines: dans l'île aux Moines)

        on the stage: sur la scène
        the tax on tobacco: l'impôt sur le tabac
        an *essay on the novel*: une dissertation   (sur le roman
                                    (au sujet du roman
        on request: sur demande
        to swear on one's honour, on the Bible: jurer sur son honneur, sur la Bible

2.   La préposition *on* correspond à la préposition *à*:

on condition that: à [la] condition que
on the ceiling: au plafond
with the ring on her finger: la bague au doigt
on the top floor: au dernier étage
on arrival: à l'arrivée
on the occasion of their engagement: à l'occasion de leurs fiançailles

Their car runs on diesel [fuel].
Leur voiture marche au gazole.

3.   La préposition *on* correspond à *de*:

on this side: de ce côté
the apartment on the third floor: l'appartement du deuxième
to have sthg on good authority: savoir qqch de source sûre
to congratulate s.o. on his success: féliciter qqn de sa réussite

4.   La préposition *on* correspond à *dans*:

on the train, on the bus: dans le train, dans le bus

5.   La préposition *on* correspond à *en*:

on the plane, on the train: en avion, en train
on average: en moyenne
a dog on a   (leash (É.-U., Can.): un chien [tenu] en laisse
          (lead (G.B.):

6.   La préposition *on* correspond à *sous*:

on pain of death: sous peine de mort
to be on antibiotics: être   (sous antibiotiques
                       (aux

7.   La préposition *on* dans les expressions temporelles:

Vous remarquerez surtout sa disparition.

On Monday: lundi
On Mondays: le lundi, tous les lundis, chaque lundi

On a summer evening: un soir d'été
MAIS: On a fine spring day: par une belle journée de printemps[1]
On time: à l'heure

---

[1] Puisque le mot *jour*, qui exprime une date, est ici remplacé par *journée* (à cause le l'adjectif qualificatif), la préposition *par* doit introduire le complément circonstanciel.

8. La préposition *on* dans une locution au sens figuré:

Il faut exprimer l'idée avec une plus grande précision:

He's on the committee.
Il fait partie du comité.

We shook hands on it.
On s'est serré la main en signe d'accord.

III. Le mot anglais *on* pris adverbialement:

1. Quand le mot anglais *on* est un adverbe, il faut souvent exprimer l'idée avec une plus grande précision:

The police are on to them.
La police est sur leur piste.

"Want to go to a movie?" "Depends. What's on?"
Tu veux aller au cinéma? — Ça dépend.　(Qu'est-ce qu'on passe?
　　　　　　　　　　　　　　　　　　　　　(C'est quel film?

2. Parfois, il faut exprimer l'idée d'une manière complètement différente:

I'll get on to him about it tomorrow.
Je lui en parlerai demain.

She must be on something.
Elle doit se droguer.

Partie A: Traduisez en français, en choisissant l'équivalent français du mot *on* (préposition ou adverbe) qui convient:

MODÈLE

"I don't believe my eyes!" she exclaimed. "He put his coat on a hanger without being asked!"

«Je n'en crois pas mes yeux! s'exclama-t-elle. Il a mis son manteau sur un cintre sans qu'on le lui demande!»

1. He apologized for having offended her and explained that he had not done it on purpose.

2. I thought they'd both be on the hockey team the following year, as usual.

3. "What's on tonight?" "You know there's never a thing on TV on Saturday evenings, even in the winter."

4. We asked her to dinner on Boxing Day, but she refused because she's on a diet.

5. "You'll do it, won't you?" she pleaded. He laughed. "Forget it!" With that, he got on his bicycle and rode away.

6. "Take the second street on the left after the traffic lights," he answered without hesitation.

7. He's rarely on time because he can never find a place to park his car.

8.   Go and take your shower, and don't leave the tap on this time!

9.   The first time I met him he was travelling on an Italian passport.

Partie B: Traduisez en français en utilisant la préposition *sur* là où elle s'impose:

10.   She was told she had one chance in ten million of winning the lottery.

11.   "This essay is excellent," said the professor, smiling. "You deserve 19 out of 20."

12.   They were going to rent an apartment in Cannes with a view of the sea.

13.   "I'm sick and tired of your brother," M. Laurent said. "He does one stupid thing after another."

14.   As soon as he realized he had dropped his ticket, he retraced his steps.

15.   She was wearing a pale grey cashmere sweater over a yellow silk shirt.

16.   "Can I trust him?" I asked. She reassured me. "Completely. You can take him at his word."

EXERCICE XIXA

L'opposition locution adjectivale/adjectif
(ou substantif employé adjectivement)

Comme nous l'avons déjà vu, on est souvent obligé de traduire une locution adjectivale française par un adjectif ou par un substantif (un nom) employé adjectivement.

EXEMPLES

    i.   L'ambassade *d'Italie*
             The *Italian* Embassy

    ii.   Le consulat *du Portugal*
             The *Portuguese* consulate

    iii.   Un pays *en voie de développement*
             A *developing* country

    iv.   Un auteur *à succès*
             A *best-selling* author

    v.   Une brosse *à dents*
             A *tooth*brush

Avant de traduire en anglais chacune des phrases suivantes, relevez, avec le nom qu'elle qualifie, chaque locution adjectivale qui y figure.

1.   Malgré la grève, le bureau de location de l'Opéra Bastille sera ouvert demain de 11 heures à 19 heures.

        Locution(s) adjectivale(s):

2.   «Où sont les cuillères à café? — Dans le tiroir de gauche... pas celui-là, celui d'en haut.»

        Locution(s) adjectivale(s):

158

3.   Bien que les voisins aient fait repeindre leur balcon en fer forgé au mois de septembre, il commence à rouiller.

       Locution(s) adjectivale(s):

4.   À midi, je me demandais si je mangerais un oeuf à la coque ou un oeuf sur le plat, quand soudain l'électricité a été coupée.

       Locution(s) adjectivale(s):

5.   Certains biens de consommation, tels que les caméscopes, les magnétoscopes et les téléviseurs, sont durables, tandis que d'autres, comme les vins et les parfums, ne le sont pas.

       Locution(s) adjectivale(s):

6.   Quoique modique, le prix de vente de nos machines à laver, de nos cuisinières à gaz et de nos broyeurs à ordures comprend la livraison à domicile.

       Locution(s) adjectivale(s):

7.   Je ne sais si c'est pour vol à main armée que son frère a été condamné à la prison; tout ce qu'elle m'a dit, c'est qu'il est détenu dans les quartiers de haute sécurité.

Locution(s) adjectivale(s):

8.   Tout éloquent qu'il soit, le président ne réussira jamais à faire croire aux électeurs que leur pouvoir d'achat a augmenté depuis qu'il est à la Maison Blanche.

Locution(s) adjectivale(s):

9.   Chaque année, en période de vacances, il y a de nombreux accidents sur les autoroutes à péage, malgré les panneaux de signalisation qui avertissent les automobilistes des dangers éventuels.

Locution(s) adjectivale(s):

10.   Pour consulter votre courrier électronique, tapez votre mot de passe.

Locution(s) adjectivale(s):

11. «J'ai reçu un coup de fil de Mireille ce matin, dit-elle. Elle voulait que je lui passe la recette des darnes de saumon au cresson.»

    Locution(s) adjectivale(s):

12. Au Canada, le taux de fécondité — c'est-à-dire, le nombre d'enfants par femme en âge d'en avoir — a légèrement augmenté au cours des dernières années.

    Locution(s) adjectivale(s):

EXERCICE XIXB

L'opposition adjectif (ou substantif employé adjectivement)/ locution adjectivale

Comme nous l'avons déjà vu, on est souvent obligé de traduire un adjectif anglais par une locution adjectivale française.

EXEMPLES

    i.   *French* history
             L'histoire *de France*

    ii.   A *trial* subscription
             Un abonnement *à l'essai*

En anglais, il arrive souvent qu'un substantif (un nom) remplisse la fonction d'un adjectif. Les substantifs employés de cette manière se traduisent souvent par des locutions adjectivales françaises.

EXEMPLES

    i.   A *country* house
             Une maison *de campagne*

    ii.   The *Loire* valley
             La vallée *de la Loire*

Il en est de même de certains adjectifs composés anglais.

EXEMPLES

    i.   A *curly-haired* child
             Un enfant *aux cheveux bouclés*

    ii.   A *sharp-nosed* individual
             Un individu *au nez pointu*

Remarquez l'ordre des mots :

    anglais: (*adjectif* + nom
                  (*substantif employé adjectivement* + nom

    français: nom + *locution adjectivale*

Avant de traduire en français chacune des phrases suivantes, relevez, avec le nom qu'il qualifie, chaque adjectif (ou substantif employé adjectivement) qui aura pour équivalent français une locution adjectivale. Il va sans dire qu'en traduisant, vous tiendrez compte du niveau de langue et des unités de traduction.

162

1. At the risk of being caught in a snowstorm, the European champion is on the ski slopes every day from dawn till dusk.

   Adjectif(s) (ou nom(s) employé(s) adjectivement) qu'on traduira par une locution adjectivale française:

2. That year, an American teenager won the gold medal for figure skating at the Winter Olympics.

   Adjectif(s) (ou nom(s) employé(s) adjectivement):

3. Quite forgetting that her psychiatrist's phone number was not in the directory, she left her address book at home.

   Adjectif(s) (ou nom(s) employé(s) adjectivement):

4. "When you live in a country which has very cold winters," she said, "it's essential to own a good winter coat: either a fur coat or a fur-lined raincoat." "I prefer my parka," I replied.

   Adjectif(s) (ou nom(s) employé(s) adjectivement):

5. It is important to take the time to re-read your composition before handing it in: spelling mistakes and even typing errors can give an impression of carelessness.

    Adjectif(s) (ou nom(s) employé(s) adjectivement):

6. "In many countries in Western Europe," the Minister stated, "the infant mortality rate is lower than that of the U.S."

    Adjectif(s) (ou nom(s) employé(s) adjectivement):

7. They've had a dishwasher for two years, and they've just bought a computer; next year, if they can afford it, they're going to get a freezer and a microwave oven.

    Adjectif(s) (ou nom(s) employé(s) adjectivement):

8. When they returned to their hotel room after seeing *An Italian Straw Hat* at the Comédie-Française, a bottle of champagne was waiting in an ice-bucket.

    Adjectif(s) (ou nom(s) employé(s) adjectivement):

164

9.   As soon as she has obtained her work-permit, she will sign a three-year lease on a small downtown apartment.

Adjectif(s) (ou nom(s) employé(s) adjectivement):

10. At the new restaurant, we were served California asparagus as a first course; and, for the main course, we chose sole fillets in a white-wine sauce.

Adjectif(s) (ou nom(s) employé(s) adjectivement):

11. Candidates who intend to take the entrance examination this afternoon can wait either in the reading room or in the periodicals room.

Adjectif(s) (ou nom(s) employé(s) adjectivement):

12. If Bénédicte will lend me her pie-plate, I'll make a strawberry tart on Sunday morning.

Adjectif(s) (ou nom(s) employé(s) adjectivement):

13. One of the presidential candidates was quite young, while the other was over seventy.

   Adjectif(s) (ou nom(s) employé(s) adjectivement):

14. When I saw she was still in her dressing-gown, I realized I had come too early.

   Adjectif(s) (ou nom(s) employé(s) adjectivement):

166

EXERCICE XXA

Les chiffres dans le français parlé

Chacun y trouve son compte

Traduisez, en tenant compte du niveau de langue et des unités de traduction:

1. Quand il a quelque chose de désagréable à dire, il n'y va pas par trente-six chemins.

2. «Tu fréquentes toujours les Lemaitre? — Pas vraiment: je les vois tous les trente-six du mois.»

3. Quand mon grand-père est malade, on doit faire ses trente-six volontés.

4. Je suis vraiment surmené: j'ai trente-six mille choses à faire avant la fin du mois.

5. Si tu viens au restaurant avec nous, n'oublie pas de te mettre sur ton trente et un!

6.   Si on ne commence pas sans Jean-Luc, on risque d'attendre la semaine des quatre jeudis.

7.   «Le premier ministre était élégant, je suppose? demanda ma soeur. — Oui, bien sûr: tiré à quatre épingles, comme d'habitude.»

8.   Jeanne n'adresse plus la parole à son oncle depuis qu'il lui a dit ses quatre vérités.

9.   «Ceux qui s'amusent à couper les cheveux en quatre sont ennuyeux,» dit-elle en fronçant les sourcils.

10.   Quand j'ai entendu sonner à la porte, je suis descendu quatre à quatre.

11.   Étant donné que cet enfant mange comme quatre, il faudra préparer un dîner très copieux pour demain soir.

168

12.   Le pauvre! Quand il a glissé sur la glace, il est tombé les quatre fers en l'air.

13.   Comme elle est gentille, la tante Élisabeth! Elle se met toujours en quatre pour nous faire plaisir.

14.   «Marie! Qu'est-ce que tu fais là-bas à quatre pattes? Tu as perdu une lentille de contact?»

EXERCICE XXB

Les chiffres dans l'anglais parlé

Countdown

Dans certaines des phrases suivantes, les chiffres font partie d'un idiotisme ou d'une locution qui forme une unité de traduction.

MODÈLE

"Where's Grandpa?" "He must be either upstairs or in the living-room; he said he was going to have forty winks."

Idiotisme: to have forty winks

«Où est Grand-papa? — Il doit être en haut ou dans   (la salle de séjour: il a dit qu'il allait
                                               (le living:
                                             (le salon:

faire un somme.»

Traduisez en français après avoir relevé, dans chaque phrase, l'idiotisme ou la locution dans laquelle figurent les chiffres:

1.   "Do you want her to pick you up at the office or at your apartment?" I asked. "It's six of one and half a dozen of the other."

       Idiotisme ou locution:

2.   "Is Laure older than your mother?" "About the same age: in her fifties, I think."

       Idiotisme ou locution:

3.   Offer them one of the kittens if you want to; but it's ten to one they won't accept.

Idiotisme ou locution:

4.   I wish I could invite your German friends over for a drink, but we only just moved in, and things are all at sixes and sevens.

Idiotisme ou locution:

5.   The young accountant told the police officer he was doing about sixty when his car went into a skid he couldn't control.

Idiotisme ou locution:

6.   You don't look too well; but when you've spent a month on the French Riviera, you'll feel like a million dollars.

Idiotisme ou locution:

7.   Since she got married, Véronique doesn't very often see her sister; so, whenever they get together, they talk nineteen to the dozen.

Idiotisme ou locution:

8.   "In the nineties," she explained, "I lived in Texas. I got used to the hot weather, and now I hate these cold winters."

Idiotisme ou locution:

9.   "Would you like to come and have dinner with Stéphane and myself at the Tour d'Argent on Saturday?" "That's very kind of you, Marie-Claude, but I wouldn't dream of it: three's a crowd!"

Idiotisme ou locution:

10.   They should have thought of this possibility before; it's terribly embarrassing to have to cancel an engagement at the eleventh hour.

Idiotisme ou locution:

11. "I hear that Paul and Virginie are going to tour the vineyards of the southwest..." "That's right; they're going to rent a car and go fifty-fifty on all the expenses."

Idiotisme ou locution:

12. Arthur Vacheron is quite a competent lawyer, I agree; but it's a shame you never met Mr Vacheron senior: he was twice the man his son is.

Idiotisme ou locution:

EXERCICE XXIA

Le français parlé

Faisons d'une pierre deux coups!

Relevez, dans chacune des phrases suivantes, l'idiotisme dans lequel figure le mot *coup* **et qui forme une unité de traduction. Ensuite, traduisez chaque phrase en anglais en tenant compte du niveau de langue.**

1.   Tu boiras bien un coup avec nous avant de partir, n'est-ce pas?

Unité de traduction:

2.   Il me donna un coup de coude. «Tu as entendu ce qu'elle vient de dire?» me demanda-t-il.

Unité de traduction:

3.   Il te passera un coup de fil après-demain s'il a le temps.

Unité de traduction:

4.   Je ne sais si j'irai à cet entretien; je commence à croire que ça n'en vaut pas le coup.

Unité de traduction:

5.   Aline est passée en coup de vent ce matin pour nous annoncer ses fiançailles.

   Unité de traduction:

6.   Tu devrais te donner un coup de peigne avant de sortir.

   Unité de traduction:

7.   J'ai l'impression qu'il a bu un coup de trop ce soir; il aura la gueule de bois demain matin!

   Unité de traduction:

8.   Excuse-moi de ne pas avoir ouvert la porte tout de suite: je n'ai pas entendu ton coup de sonnette.

   Unité de traduction:

9.   Quand tu rentreras ce soir, jette un coup d'oeil sur les petites annonces.

   Unité de traduction:

10. Mon oncle a pris un coup de vieux après son intervention chirurgicale.

    Unité de traduction:

11. Trois dissertations à faire en quinze jours! Je me demande si elle va tenir le coup!

    Unité de traduction:

12. «Tu as gagné le gros lot! Quel coup de veine!» Elle rit. «C'est incroyable, n'est-ce pas?»

    Unité de traduction:

13. Es-tu sûr d'avoir pris la bonne décision? Il ne faut pas jouer ton avenir sur un coup de tête.

    Unité de traduction:

14. Sa grand-tante a été prise de panique en entendant les coups de fusil.

    Unité de traduction:

176

15.   La journée a été dure: on a appris coup sur coup deux très mauvaises nouvelles.

Unité de traduction:

16.   C'est lui le responsable, mais sa soeur était probablement dans le coup.

Unité de traduction:

EXERCICE XXIB

Le mot et son contexte: mot-clé: TIME

As Time Goes By

Le mot anglais *time* a de nombreux équivalents français: le choix est déterminé par le contexte.

Traduisez, après mûre réflexion, en tenant compte des unités de traduction et du niveau de langue.

1.   Businessmen often say that time is money.

2.   "Judging by my own experience," he explained, "translating is a very time-consuming task".

3.   Obviously, they had a good time in London, and an even better time in Paris.

4.   "Your father said that!" she exclaimed, blushing. "He should know better, at his time of life."

5.   In the time of Louis XIV, the court was the focal point of French life.

178

6. "What time do you make it?" he asked in an undertone. I looked at my watch. "Three thirty. Are you late?"

7. "In the winter," she explained, "our grand-children spend most of their free time watching TV." "They don't like video games?" I asked. "Oh yes, I was forgetting those."

8. She lowered her voice. "Just fancy! This time tomorrow, we'll all be in Florida!"

9. My secretary loves his new calculator: it's a great time-saver.

10. The President's whole family gets together each year at Christmas-time.

11. "It'll be finished in two minutes, I promise," she insisted. He laughed: "Take your time; there's no rush."

12. It's ridiculous to try and do two things at the same time: it never works out.

13. "Literature exams are a race against time," she said. The professor smiled. "I'm often told that," he said.

14. "Has your sister found a job?" "Yes, she's been working full time for several months."

15. In the automobile industry, workers are often laid off for weeks at a time.

16. "I heard you had an appointment with the Dean." "Yes, indeed! He really gave me a hard time."

EXERCICE XXIIA

Les prépositions et adverbes qui accompagnent certains verbes anglais

Traduisez chacune des phrases suivantes en anglais de manière à utiliser le verbe indiqué, seul ou accompagné d'une préposition ou d'un adverbe. Si la phrase est longue, c'est dans la partie en italique qu'il faudra utiliser le verbe indiqué.

MODÈLE

Mot-clé: TO WASH

1. *Mon chat fait sa toilette*: il va pleuvoir!
   My cat is washing himself: it's going to rain!

2. Ne vous inquiétez pas, *la tache partira au lavage.*
   Don't worry, *the stain will wash out.*

3. *Leur canoë a été emporté par la marée* pendant la tempête.
   Their canoe was washed away by the tide during the storm.

4. Taisez-vous! *Il ne faut pas laver son linge sale en public!*
   (Hush!   (One mustn't wash   (one's dirty linen in public!
   (Be quiet!   (You   (your

5. Les enfants!   *Vous allez faire la vaisselle* avant de sortir.
   Children!   You're going to   (wash the dishes[1] before you go out.
                                          (wash up

A   Mot-clé: TO THINK

1. *Si le président pense tant de bien de son homologue soviétique*, pourquoi dit-il tant de mal de lui?

---

[1] *To do the dishes et to do the washing up*, très courants en anglais, sont ici exclus par les règles du jeu.

2. Nos cousins avaient prévu de passer une année au Liban; *mais, après réflexion, ils ont changé d'avis.*

3. «Il n'y aura pas de salade ce soir, parce que j'ai oublié d'acheter l'huile d'olive. — Ce n'est pas grave! *On ne saurait penser à tout!*»

4. Paul n'a pas pu te présenter à la dame avec qui il parlait, *parce qu'il n'arrivait pas à se rappeler son nom.*

5. *J'ai besoin de peser le pour et le contre* avant de prendre une décision; je leur ai donc dit qu'ils auraient ma réponse dans huit jours.

B   ***Mot-clé: TO TAKE***

1. *L'avion décolla à 21 heures* avec un retard de plus de cinquante minutes.

2.   «*Ton neveu tient-il de son père ou de sa mère, à ton avis?* — Ni de l'un ni de l'autre;
     il tient de son grand-père maternel».

3.   Quand le fondateur eut pris sa retraite, *la Maison Guillot fut rachetée par un de ses
     nombreux concurrents*.

4.   Nous allons être obligés de vendre le piano de ma grand-mère, *parce qu'il tient
     beaucoup trop de place dans notre nouvel appartement*.

5.   Elle expliqua au directeur du département qu'avec la meilleure volonté du monde, *elle
     ne pouvait accepter de plus grandes responsabilités*.

C   Mot-clé: *TO SET*

1.   «Pierre vient de s'offrir une Alpha Roméo... — Une Alpha Roméo! *Elle a dû lui coûter
     les yeux de la tête!*»

2. À en croire Marie-Louise, *il n'était nullement dans ses intentions de prouver* que les symphonies de Beethoven sont supérieures à celles de Schubert.

3. La réduction des subventions gouvernementales *a retardé de plusieurs années la réalisation du projet.*

4. *Ce qui le distingue de la plupart des autres peintres de son époque,* c'est qu'il travaillait toujours en plein air, jamais dans un atelier.

5. Aussitôt rentrée, *la mère se mit à préparer le dîner de ses enfants.*

D   Mot-clé: TO RUN

1. *Je suis à bout de patience,* et si tu n'arrêtes pas de faire l'idiot, je vais tout raconter à ton père.

2. *S'étant heurtés à des difficultés imprévues,* les alpinistes durent renoncer à atteindre le sommet de la montagne.

3. *Le maire demanda à sa secrétaire de lui faire faire six cents photocopies du document* avant de partir.

4. *Dès que notre bail aura expiré,* nous installerons notre agence de tourisme dans des locaux moins exigus.

5. *C'est un enfant inadapté qui fait des fugues* et dont la conduite inspire à tout le monde la plus grande inquiétude.

EXERCICE XXIIB

Les prépositions ou adverbes qui accompagnent certains verbes anglais

Les prépositions (ou les adverbes)[1] qui accompagnent de nombreux verbes anglais *(to listen to, to eat up, to blow over)* posent un problème pour le traducteur.

Il ne faut presque jamais traduire ces prépositions (ou adverbes) par des prépositions ou des adverbes français.[2] Le plus souvent, le verbe et sa préposition (ou son adverbe) constituent une unité de traduction; et la préposition (ou l'adverbe) est, pour ainsi dire, contenue dans le verbe français qui correspond au verbe anglais en question.

EXEMPLES

to get *down*	: descendre
to go *down*	: descendre
to go *up*	: monter
to go *out*	: sortir

Remarquez que la fonction de ces prépositions (ou adverbes) varie; ce qui déterminera la traduction en français.

Il y a deux possibilités:

  i. La préposition ou l'adverbe peut renforcer le sens du verbe. En traduisant en français, il faut atteindre le même but par un autre moyen stylistique.

EXEMPLES

Eat your soup!
Mange ta soupe!
MAIS
Eat *up* your soup!
Finis ta soupe!

She's [already] dressed.
Elle *est* habillée.
MAIS
She's [all] dressed *up*.
Elle s'est mise sur son trente-et-un.

  ii.   La préposition ou l'adverbe peut changer (complètement ou partiellement) le sens du verbe qu'il accompagne.

---

[1] Ces mots sont des prépositions s'ils introduisent un nom ou un pronom; ce sont des adverbes s'ils s'emploient seuls.

[2] Bien sûr, il y a des exceptions. Par exemple, si on dit à un chien, *Get down!*, on traduit *down*, supprime le verbe et le remplace par une précision: *À bas les pattes!*. Cependant, si on dit la même chose à un enfant, le verbe reste, et c'est l'adverbe qui disparaît: *Descends!*.

EXEMPLES

to act
agir
MAIS
The engine is acting *up*.
Le moteur fonctionne mal.
ET
My arthritis is acting *up*.
Mon arthrite est très douloureuse.
ET
He is acting *upon* the advice of the Prime Minister.
Il suit les conseils du premier ministre.

En outre, la locution verbale peut s'employer au sens propre ou au sens figuré:

Sens propre:

They *cleaned up* the kitchen.
(Ils *ont tout nettoyé* dans la cuisine.
(Ils *ont bien nettoyé* la cuisine.

Sens figuré:

They really *cleaned up* in Monte Carlo.
Ils *ont gagné gros* à Monte Carlo.

Traduisez en français après mûre réflexion :

A   *Mot-clé: TO GO*

1.   "The taste of red wine goes really well with chocolate…" "You think so? I'm not sure."

2.   Annick and Paul have been going out together for three months.

3.   What you just said is very interesting; please go on.

4.   I hope there'll be enough coffee to go around.

5.   "He doesn't get along at all well with his wife, you know."   "Let's not go into that."

B   *Mot-clé: TO COME*

1.   "Come and see me any time you like," he repeated.

2.   Tell the customer who is waiting downstairs that he can come up now.

3.   What ever came over her? She should never have said such a thing.

4.   If you come across any good CD's when you're in Montreal, you should buy them.

5.   A stranger came up to her while she was waiting for her daughter.

C   *Mot-clé: TO TURN*

1.   To light the oven, turn the knob to the right.

2.   It's a pity he didn't get that job, but something else will turn up.

3.   As soon as she had begun to speak, I turned to look at her.

4.   Our medical school turns out excellent doctors.

5.   He got a good offer for his motorcycle, but he turned it down at the last minute.

D   *Mot-clé: TO CUT*

1.   "How often do you get your hair cut?" her husband asked, puzzled.

2.   The little boys were busy cutting pictures out of magazines.

3.   "Hello? Is that you, Marie? I'm calling you back because we were cut off."

4.   He resigned because he had decided he wasn't cut out to be an accountant.

5.   Numerous trees were cut down to make way for that high-rise.

EXERCICE XXIIIA

Le verbe et les locutions verbales: mot-clé: METTRE

Ne mettez pas la charrue devant les boeufs!

Le verbe *mettre* figure, seul ou dans une locution verbale, dans chacune des phrases de cet exercice.

Quand le verbe est seul, son sens peut changer selon le contexte.

EXEMPLES

    i.   Où *as-tu mis* ta calculette?
           Where *have you put* your calculator?

    ii.   Les historiens de l'art *mettent* ce peintre parmi les plus grands.
           Art historians *rank* this painter among the greatest.

Quand le verbe fait partie d'une locution verbale, celle-ci constitue une unité de traduction.

Remarquez que les locutions verbales peuvent souvent se traduire en anglais par un verbe simple, et doivent parfois se traduire ainsi.

EXEMPLES

    i.   Je mettrai les livres à jour.

           Locution verbale: mettre qqch à jour

           (I'll bring the books *up to date.*
           (I'll update the books.

    ii.   Il mit la voiture en marche.

           Locution verbale: mettre qqch en marche

           He started the car.

Si la phrase contient une locution verbale, relevez-la avant de traduire la phrase entière:

1.   Le ministre des Affaires étrangères espère que sa visite mettra fin aux tiraillements apparus ces derniers temps dans les relations franco-helvétiques.

    Locution verbale:

2.   Le téléphone sonna. «Allô? Ah, bonjour, Mylène! Écoute, je suis très occupée: est-ce que je peux te rappeler quand j'aurai mis le linge à sécher?»

Locution verbale:

3.   Si j'arrive à mettre la main sur le journal d'hier, je vous ferai lire l'article dont on parlait tout à l'heure.

Locution verbale:

4.   Sachant qu'elle devait quitter la maison le lendemain matin à sept heures dix au plus tard, la caissière mit son réveil à six heures.

Locution verbale:

5.   À la demande de son professeur, la petite fille se mit au piano, respira profondément, et entama *La Lettre à Élise* de Beethoven.

Locution verbale:

192

6.   Mesdames, Messieurs, il est maintenant 5 h 25, heure de Madrid; nous vous invitons à mettre votre montre à l'heure.

Locution verbale:

7.   La moutarde lui a vraiment monté au nez lorsque tu lui as posé cette question impertinente; ce qui m'étonne, c'est qu'il ne t'ait pas mis à la porte.

Locution verbale:

8.   Le médecin mit le vieillard au régime après sa crise cardiaque et lui recommanda vivement d'arrêter de boire et de fumer.

Locution verbale:

9.   Il commence déjà à faire chaud ici: il faudrait mettre le beurre au frais. Le fromage aussi.

Locution verbale:

10. La mère se mit à genoux au chevet du petit pour lui raconter l'histoire qu'il attendait avec une impatience mal dissimulée.

    Locution verbale:

11. Ce vin blanc, mis en bouteilles au château, se boit frais, soit en apéritif, soit avec des poissons ou des crustacés.

    Locution verbale:

12. La pauvre Marie ne savait pas où se mettre, tellement elle avait honte de son geste irréfléchi.

    Locution verbale:

13. Selon la presse, depuis le coup d'état, plusieurs milliers de dissidents auraient été mis à mort sans passer en justice.

    Locution verbale:

14. Mettons que je me sois trompée: mon collier de perles de culture n'a pas été volé, je l'ai tout simplement égaré; et après?

    Locution verbale:

194

EXERCICE XXIIIB

Mot-clé: WORK

It Works Both Ways!

Traduisez en français en tenant compte du niveau de langue et des unités de traduction:

1.   "Mowing the lawn is thirsty work," he sighed, mopping his brow.

2.   Many students have to work their way through university.

3.   It was announced this morning in Ottawa that work on the new highway had begun.

4.   Last Thursday, our guests had to walk up to the top floor because the elevator was not working.

5.   It was obvious that the burglary was not the work of professionals.

6.   "Just let him show his face in my office!" she retorted angrily. "I'll make short work of him!"

7.   To make this orange cake, first work the butter and sugar together.

8.   It is believed that the police are still working on the Lavallière case.

9.   Two and a half kilos at 3€ 80 a kilo? I don't know how much that comes to; I'll have to work it out.

10.   She said thoughtfully, "Holidays sometimes work wonders..."

11.   According to the latest statistics, there are several million out-of-work Americans.

12.   Having put the finishing touch to the portrait of the President two days ago, the artist is at work on another canvas.

13.   It's true that they quarrelled, but don't worry: it'll all work out in the end.

14.   Her nephew's company makes big profits, but he works his staff too hard.

15.   It's not at all surprising that she's already finished: she's a fast worker.

16.   I had been told it was very difficult for foreigners to get work-permits in France.

EXERCICE XXIVA

Mot-clé: HARD

En traduisant chacune des phrases suivantes, utilisez, dans la partie en italique, une locution dans laquelle figure le mot *hard* (adjectif ou adverbe). Vous indiquerez aussi le niveau de langue.

MODÈLE

À en croire certains romanciers, tous les détectives privés *boivent sec* et fument comme des pompiers.

Niveau de langue: standard

If we are to believe certain novelists, all private detectives *are hard drinkers* and heavy smokers.

1. «Il paraît que *tu n'as pas beaucoup d'argent en ce moment.* — C'est trop peu dire! Je suis fauché comme les blés...»

    Niveau de langue:

2. Dans certains pays, *les travaux forcés* ont été supprimés et remplacés par la réclusion à vie.

    Niveau de langue:

3. Il est pondéré, intelligent *et travailleur*: bref, c'est l'étudiant modèle.

    Niveau de langue:

198

4.   C'est une histoire des plus bizarres; pour ma part, *j'ai du mal à la croire*.

        Niveau de langue:

5.   «Quel temps de chien! Tout à l'heure il neigeait, et maintenant *il tombe des cordes.*»

        Niveau de langue:

6.   Quand tu iras *à la quincaillerie*, tâche de me trouver une petite casserole en inox.

        Niveau de langue:

7.   Nous avons deux exemplaires du livre que vous désirez: *l'un est relié* et l'autre est broché.

        Niveau de langue:

8.   Malgré les efforts de la police, il reste *un noyau irréductible* de jeunes délinquants.

        Niveau de langue:

9.   Ta belle-soeur est très douée, mais extrêmement *difficile à vivre*.

      Niveau de langue:

10.   Ce coureur détient le record mondial: *on pourra difficilement faire mieux*.

      Niveau de langue:

11.   «On m'a dit que tu viens d'acheter un studio... — Eh oui! Et je l'ai payé cher; le vendeur *ne fait pas de cadeaux*.»

      Niveau de langue:

12.   La prochaine élection présidentielle *sera âprement disputée*.

      Niveau de langue:

13.   «C'est *un homme impitoyable*,» dis-je. Il haussa les épaules. «Bien sûr, dit-il, c'est un dictateur.»

      Niveau de langue:

14. *J'ai beau essayer,* je ne parviendrai jamais à faire comprendre à mon père que je ne veux pas suivre des cours de chimie.

   Niveau de langue:

15. «Mon ordinateur est tombé en panne… — Rien de grave, j'espère? — Mais si, il paraît que je vais devoir acheter *un nouveau disque dur;* incroyable, non?»

   Niveau de langue:

EXERCICE XXIVB

Les niveaux de langue: mot-clé: DUR

Traduisez chacune des phrases suivantes de manière à utiliser le mot *dur* (adjectif, adverbe ou nom) au sens propre ou au sens figuré, seul ou dans une expression toute faite. Si la phrase est longue, c'est dans la partie en italique qu'il faudra utiliser le mot-clé.

MODÈLES

i. Steel is much harder than silver or copper.

L'acier est beaucoup plus dur que l'argent ou le cuivre.

ii. *It seems you got a good ticking off* when your Latin teacher sent for you yesterday afternoon.

Il paraît que *tu en as entendu de dures* quand ton professeur de latin t'a convoqué hier après-midi.

1. "Do you really believe the former secretary general of the United Nations is telling the truth?" "Yes, *I firmly believe it.*"

2. Humphrey Bogart, *who usually played tough guys on the screen,* was one of the best-loved actors of his time.

3. In remote areas of Central and South America, far from civilization as we know it, *ancient customs and primitive superstitions die hard.*

202

4. *Brought up the hard way by his adoptive parents,* the child never complained about anything, was seldom ill and never seemed unhappy.

5. *It's true that insults are hard to swallow;* but sometimes it's wiser to keep quiet.

6. My assistant is not particularly good company, since he never laughs and doesn't often talk; *but he's a tireless worker.*

7. If you keep forgetting to put on your rubber gloves when you do the dishes, *you'll soon have rough hands!*

8. Your little sister will certainly be very hungry this evening, *because all she had at lunch-time was a hard-boiled egg and a tomato salad.*

9. *Don't be too hard on Pauline:* she's already very upset about failing her exam, and she really did do her best.

10. "Civil-servants' salaries will only be increased by 1.5% this year, although the inflation rate is much higher." *"It's a hard life."*

11. When they arrived in Dakar, it was almost noon *and the sun was beating down on the dusty streets.*

12. His first novel, though profound and beautifully written, *was the target of some extremely harsh criticism.*

13. You'll have to speak up if you want your great-aunt to hear what you're saying; *she's hard of hearing.*

14. Our vice-president will almost certainly refuse to pay his share: *he's tight-fisted.*

EXERCICE XXVA

Les compléments circonstanciels: mots-clés: BLANC et NOIR

Bien que *blanc* ou *noir* (nom ou adjectif) ou un verbe formé sur l'un ou l'autre de ces mots figure dans chacune des phrases suivantes, il ne faudra pas vous attendre à ce que *white* ou *black* figure à chaque fois dans la traduction.

Dans la plupart des phrases suivantes, il y a au moins un complément circonstanciel; relevez ce complément et indiquez sa nature. Ensuite, traduisez la phrase:

1.   En entendant la nouvelle, le père de l'enfant devint blanc comme un linge.

   Complément(s) circonstanciel(s):

2.   Elle n'est pas en forme ce matin; il paraît qu'elle a passé une nuit blanche.

   Complément(s) circonstanciel(s):

3.   Pour faire une meringue, battre les blancs d'oeuf en neige.

   Complément(s) circonstanciel(s):

4.   Le coupable, qui tremblait de peur, s'exprimait d'une voix blanche.

   Complément(s) circonstanciel(s):

5.   On solde le blanc dans les grands magasins au mois de janvier.

Complément(s) circonstanciel(s):

6.   «Tu as reçu une bonne nouvelle tout à l'heure? — Mais oui, c'est un jour à marquer d'une croix blanche!»[1]

Complément(s) circonstanciel(s):

7.   Martin Luther King, le chef de la campagne pour les droits civiques, fut assassiné par un jeune blanc.

Complément(s) circonstanciel(s):

8.   Quand ils étaient petits, mes enfants ne se lassaient pas de m'entendre raconter l'histoire de Blanche-Neige.

Complément(s) circonstanciel(s):

---

[1]On dit aussi: *un jour à marquer d'une pierre blanche.*

9.   Faites comme vous voudrez: je vous laisse carte blanche.

        Complément(s) circonstanciel(s):

10.   Elle devait être très mécontente, puisqu'elle nous a lancé un regard noir.

        Complément(s) circonstanciel(s):

11.   Parti à l'aube, le bûcheron ne rentra qu'à la nuit noire.

        Complément(s) circonstanciel(s):

12.   Ce qui ne peut pas se vendre légalement se vend au marché noir.

        Complément(s) circonstanciel(s):

13.   Après l'incendie, les murs de l'usine étaient noircis de fumée.

        Complément(s) circonstanciel(s):

14.   À cause des impôts, le travail au noir devient de plus en plus répandu.

Complément(s) circonstanciel(s):

15.   Dans la forêt, par les nuits sans lune, il faisait noir comme dans un four.

Complément(s) circonstanciel(s):

16.   Les côtes de l'Alaska furent contaminées par une marée noire après l'échouage d'un superpétrolier.

Complément(s) circonstanciel(s):

EXERCICE XXVB

Les compléments circonstanciels: mots-clés: BLACK et WHITE

Bien que *black* ou *white* (nom ou adjectif) ou un verbe formé sur l'un ou l'autre de ces mots figure dans chacune des phrases suivantes, il ne faudra pas vous attendre à ce que *noir* ou *blanc* figure à chaque fois dans la traduction.

Dans la plupart des phrases suivantes, il y a au moins un complément circonstanciel: le cas étant, relevez ce complément et indiquez sa nature. Ensuite, traduisez la phrase:

1.   The policy advocated by the White House reveals the President's indifference to public opinion.

       Complément(s) circonstanciel(s):

2.   That system, which ensured the supremacy of the white minority and the repression of the black majority, had to be radically reformed.

       Complément(s) circonstanciel(s):

3.   After the women's semi-finals at Roland-Garros, the defending champion, still in her tennis whites, was interviewed on live television.

       Complément(s) circonstanciel(s):

4.   Sometimes it seems to me that the Minister of Finance is prepared to swear that black is white rather than admit he is mistaken.

     Complément(s) circonstanciel(s):

5.   In Europe, during World War II, meat, butter and sugar were sold on the black market at incredible prices.

     Complément(s) circonstanciel(s):

6.   "Unfortunately," he said with a sigh, "I'm in the Dean's black books, so it's no use my asking for a sabbatical leave."

     Complément(s) circonstanciel(s):

7.   One winter night, during the sixties, a power-failure blacked out the city of New York, and many commuters were trapped in the subway for hours.

     Complément(s) circonstanciel(s):

8.   She was not convinced. "Sometimes it's kinder to tell a little white lie rather than give the real reason for refusing."

     Complément(s) circonstanciel(s):

9.   "Three American planes hijacked in one week? That's not possible!" "Look at the paper: it's here in black and white."

Complément(s) circonstanciel(s):

10.   Before the tractor was invented in 1876, each village in France had its blacksmith, for many horses were needed to work the land.

Complément(s) circonstanciel(s):

11.   "Where did you get that black eye?" "Another argument about politics that turned nasty... I should have kept quiet."

Complément(s) circonstanciel(s):

12.   The hijackers are trying to blackmail the Israeli government into freeing more than a hundred of their compatriots imprisoned for acts of terrorism.

Complément(s) circonstanciel(s):

EXERCICE XXVIA

Les sigles et les acronymes en français

En français comme en anglais, les sigles et les acronymes sont de plus en plus nombreux depuis la Seconde Guerre mondiale. Leur fréquence témoigne à la fois de la hâte et de la complexité de la vie contemporaine. On a souvent besoin de se référer rapidement à des inventions (comme le radar et le sonar), à des organisations (comme le CNRS[1] et l'INSERM[2]), à des maladies (comme le sida), ou à des indices de la conjoncture[3] (par exemple, le PNB, le PIB, le RMI[4]) aux noms longs et compliqués.

Le sigle et l'acronyme sont formés tous les deux des initiales de plusieurs mots; la différence entre eux, c'est que le sigle est prononcé avec les noms des lettres (le VIH, la RATP, la SNCF[5]), alors que l'acronyme est prononcé comme un mot ordinaire (le radar, le sida, Unesco). Certains sigles (comme l'URSS et l'ONU) admettent pourtant deux prononciations.

Il existe une autre catégorie d'acronymes formés des syllabes initiales de deux ou de plusieurs mots; par exemple, le fortran (qui provient de l'anglais *FORmula TRANslation*). CEDEX (ou: cedex) est une hybride, formée des initiales des trois premiers mots et de la première syllabe du quatrième mot de l'expression: Courrier d'Entreprise à Distribution EXceptionnelle.

Les acronymes s'écrivent d'habitude sans points entre les lettres, et certains, assez anciens déjà pour être considérés comme de véritables mots, s'écrivent en minuscules.

Quant aux sigles, ils s'écrivent en majuscules dont chacune, jusqu'à très récemment, était suivie d'un point. De nos jours, cependant, le point est de plus en plus facultatif[6] et disparaît dans la presse (sans doute parce que c'est plus simple et prend moins de place). Je l'ai donc omis dans cet exercice.

Les sigles et les acronymes qui désignent des phénomènes internationaux ne posent aucun problème pour le traducteur. Celui-ci n'a qu'à trouver pour chacun son équivalent dans la langue d'arrivée. Ainsi, les francophones parlent de l'OMS et les anglophones de la WHO. Certains sigles s'emploient dans les deux langues: citons la NASA, la CIA et le FBI.

Il ne faut pas oublier, cependant, que l'équivalent anglais d'un sigle français n'est pas forcément un autre sigle. Ainsi, le sigle français VTT[7] correspond à *mountain bike*; HLM[8] à *low-rent housing* ou

---

[1] Le Centre national de la recherche scientifique

[2] L'Institut national de la santé et de la recherche médicale

[3] Indices (n.m.) de la conjoncture: economic indicators

[4] Le revenu minimum d'insertion; en anglais: welfare.

[5] La Société nationale des chemins de fer français

[6] Selon le *Trésor de la langue française*. *Le Petit Robert* maintient le point dans la plupart des cas.

[7] Vélo tout terrain

[8] Habitation à loyer modéré

(en Grande Bretagne) à *council houses*, OPA[9] à *take-over bid*, et SDF[10] à *street people* ou *the homeless*.

Évidemment, le traducteur se heurte à un problème lorsqu'il rencontre des sigles ou des acronymes propres à un seul pays ou à une seule région. Par exemple, les partis politiques français (l'UDF,[11] le RPR[12]) les syndicats, tels que FO[13] et la CGT,[14] n'ont aucun véritable équivalent ailleurs.

Que faire?

Il y a trois possibilités:

i°   On peut garder le sigle (ou l'acronyme) et ajouter une traduction des mots dont il provient.

     Ainsi, la RATP peut devenir, pour un public anglophone, *the Paris public transportation system, known as the RATP.*

ii° On peut remplacer le sigle (ou l'acronyme) par une traduction des mots dont il provient.

     Ainsi, la SNCF peut devenir, pour un public anglophone, *the French national railroad (ou railway) company.*

iii° On peut remplacer le sigle (ou l'acronyme) français par le mot ou l'expression (beaucoup plus rarement par le sigle) qui est son équivalent dans le pays pour lequel on traduit le texte, en précisant toutefois qu'on parle de la France.

     Ainsi, le RMI peut devenir, pour un public canadien, britannique ou américain, *the French welfare payment.*

Avant de traduire chacune des phrases suivantes, vérifiez le sens de chaque sigle ou acronyme que vous ne connaissez pas. Vous pourrez utiliser un dictionnaire unilingue français, un dictionnaire anglais-français ou même un dictionnaire de sigles.[15]

---

[9] Offre publique d'achat

[10] *Sans domicile fixe.* En parlant de ceux qui viennent de perdre leur logement par suite d'une guerre ou d'une catastrophe, on dit plutôt: les *sans-abri* ou les *sans-logis.*

[11] L'Union pour la démocratie française

[12] Le Rassemblement pour la République

[13] Force ouvrière

[14] La Confédération générale du travail

[15] Par exemple, le *Dictionnaire de sigles* de Danielle Candel (C.N.R.S./Inalf, Paris 1992) ou l'*International Acronyms, Initialisms and Abbreviations Dictionary* de Mary Rose Bonk et Regie A. Carlton (Detroit, Michigan, Gale Research Inc., 1997).

Ensuite, en vous basant sur les indications données ci-dessus, vous déciderez s'il convient de garder le sigle ou l'acronyme (en y ajoutant éventuellement une traduction), de le remplacer par une traduction des mots dont il provient ou bien d'utiliser son équivalent anglais.

Traduisez en anglais:

1. Après deux mois de bombardements, les chefs militaires de l'OTAN estimaient toujours qu'une intervention au sol comporterait trop de risques.

2. Le premier ministre répète à qui veut l'entendre que la hausse de la TVA, quoique considérée avec appréhension par la Banque de France, n'aura pas d'effets inflationnistes.

3. Un médecin qui a refusé de pratiquer l'IVG demandée par une jeune femme séropositive sera poursuivi pour discrimination.

4. Certains sont prêts à risquer la prison pour lutter contre les OGM afin de protéger l'environnement et la santé humaine.

5. L'OCDE prévoit que la croissance économique de certains pays industrialisés se ralentira dans un proche avenir; on espère, cependant, que cette faiblesse se révélera transitoire.

6. «À mesure que ces appartements seront libérés, affirma le maire, leurs loyers s'aligneront sur ceux des HLM.»

7. Lors du sommet du G8, les représentants des pays les plus industrialisés ont décidé de mettre en place, sous l'autorité du FMI, un système d'alerte qui permettrait de prévenir les crises financières internationales.

8. Dans les DOM, l'accroissement du nombre de bénéficiaires du RMI poursuit sa course folle; l'INSEE ne prévoit aucune amélioration d'ici à la fin de l'année.

9. «Baisser nos prix, expliqua le PDG d'une entreprise moyenne extrêmement performante, nous rendrait plus concurrentiels face aux importations asiatiques.»

215

10. Selon l'OMS, il faut que les laboratoires pharmaceutiques baissent leurs prix afin de faciliter l'accès aux médicaments.

11. Les rumeurs sur une perspective de nationalisation et la menace d'une OPA hostile exercent depuis quelque temps une forte pression sur les dirigeants du groupe.

12. Le prix de ce beaujolais bien équilibré, qui accompagnerait à merveille un gigot d'agneau, est de 12€ TTC la bouteille.

13. Par sa taille, la première zone de libre-échange de l'Amérique du Sud (Argentine, Brésil, Uruguay, Paraguay), établie en 1994, peut se comparer à l'ALENA (États-Unis, Canada, Mexique).

Exercice XXVIB

Les sigles et les acronymes en anglais

Les sigles sont au moins aussi fréquents en anglais qu'en français, même si les termes qui les désignent (*initialisms* et *alphabetisms*) sont peu usités.

Quant aux acronymes, les premiers semblent être apparus en anglais pendant la Première Guerre mondiale. La Seconde Guerre mondiale nous a donné radar, suivis peu de temps après de Shape,[1] d'UNO et de NATO, et plus récemment de SALT,[2] de NOW et de laser.[3]

En anglais comme en français, l'acronyme peut être formé soit des initiales d'une suite de mots (WHO, UNO, Shape, laser), soit des premières syllabes d'une suite de mots (sitcom,[4] Benelux[5]). Il existe aussi des hybrides: radar, composé de la syllabe initiale du mot *RAdio* et des initales des mots *Detection And Ranging*, et sonar (*SOund Navigation And Ranging*).

En traduisant les phrases suivantes, il ne faudra pas oublier que l'équivalent français d'un sigle ou d'un acronyme anglais n'est pas forcément un autre sigle ou un autre acronyme; ce peut être un mot (ou plusieurs mots). Ainsi, le sigle anglais ATM correspond à *guichet automatique*, GP correspond à *médecin généraliste*, POW à *prisonnier de guerre* et MIA à *porté disparu*.

MODÈLE

The WHO announced at the beginning of April that the SARS epidemic had affected some 3,000 people in about 15 countries and caused 60 deaths.

Au début d'avril, l'OMS a annoncé que l'épidémie de SRAS avait touché quelque 3 000 personnes dans une quinzaine de pays et provoqué 60 décès.

Traduisez en français, en utilisant les sigles et acronymes français qui s'imposent:

1. Watson, Crick and Wilkins shared the 1962 Nobel Prize in physiology and medicine for the discovery of the structure of DNA.

---

[1] Supreme Headquarters [of the] Allied Powers in Europe

[2] Strategic Arms Limitation Talks

[3] Light Amplification by Stimulated Emission of Radiation

[4] SITuation COMedy, genre qui a beaucoup de succès à la télévision aux États-Unis et au Canada.

[5] Belgium, [The] Netherlands [and] Luxemburg

2. "The head of the PR department thinks the campaign would be much more effective with a VIP." He sighed. "The problem is that the money would have to come out of the R and D budget."

3. Nowadays, childless couples sometimes seek help from in-vitro fertilization, while women who do not want children, or are not ready to have any, can choose between the pill and the IUD for contraception.

4. Travel agents frequently have to explain to their clients that the French railway system is much more modern and efficient than either VIA Rail or Amtrack.

5. It was hoped that representatives of the two countries would soon reach a compromise on the question of royalties on CD's, CD-ROMs, videos and software.

6.   Statistically, the per capita sum each country spends on education is less significant than the percentage of its GNP represented by that sum.

7.   According to the latest UNICEF report, a decline in registrations for secondary education is often accompanied by an increase in the crime rate.

8.   She explained that her nephew had been given a TV, a VCR and a mountain bike when he graduated from university.

9.   Although the governments of most industrialized countries are in favour of them, GMO's may be dangerous to the environment and to human health.

10.   More than eight million of the twenty-two million people with HIV or AIDS are women or girls, according to the WHO.

11. A bombing attack attributed to the IRA killed 3 people and seriously injured at least 2 others in Belfast late Thursday afternoon.

12. Because the economic recovery was stronger than expected, the French National Institute for Statistics and Economic Studies was expecting that 230,000 jobs would be created the following year.

13. In the agricultural sector, WTO regulations sometimes conflict with those of NAFTA.

EXERCICE XXVIIA

Le mot passe-partout CHOSE et les unités de traduction

Il faut prendre les choses comme elles sont

Avant de traduire chacune des phrases suivantes, relevez l'unité de traduction dans laquelle figure le mot *chose*.

MODÈLE

«Quand vous verrez Mme Massin, vous lui direz bien des choses de ma part, n'est-ce pas?»

*Unité de traduction dans laquelle figure le mot **chose**:* dire bien des choses à qqn

"When you see Mme Massin, you will (give her my kindest regards,   won't you?"
(remember me kindly to her,
(give her my best, (É.-U., Can.)

En traduisant, vous tiendrez compte du niveau de langue.

1. Après avoir parlé de choses et d'autres, le comité aborda la question des mesures à prendre pour enrayer la réduction de la couche d'ozone.

   *Unité de traduction dans laquelle figure le mot **chose**:*

2. De deux choses l'une: ou bien on réussira à rendre le métier d'enseignant assez attirant aux jeunes pour faire face à la crise du recrutement, ou bien l'ensemble du système d'éducation s'effondrera dans une dizaine d'années.

   *Unité de traduction dans laquelle figure le mot **chose**:*

3. «C'est incroyable! Le champion de Wimbledon éliminé en quart de finale par un inconnu! — Que veux-tu? Ce sont des choses qui arrivent...»

*Unité de traduction dans laquelle figure le mot **chose**:*

4. Il y a quelque chose comme une semaine, plusieurs milliers de passagers ont été bloqués pendant des heures à l'aéroport de Londres.

*Unité de traduction dans laquelle figure le mot **chose**:*

5. Il faut regarder les choses en face: les offres de cartes de crédit, faites par des banques prêtes à prendre quelques risques pour s'attirer de futurs clients, créent, chez un bon nombre d'étudiants, des habitudes peu prudentes.

*Unité de traduction dans laquelle figure le mot **chose**:*

6. «Du champagne, des huîtres, de la vodka, du caviar...! Quand tu reçois tes amis, tu ne fais pas les choses à moitié!»

*Unité de traduction dans laquelle figure le mot **chose**:*

222

7.   Voilà où en sont les choses aux Pays-Bas: on cherche à réduire simultanément l'offre et la demande de stupéfiants.

*Unité de traduction dans laquelle figure le mot **chose**:*

8.   En France, la lutte contre le sida est devenue l'affaire du gouvernement dans son ensemble, et n'est plus considérée comme une simple question de santé publique; c'est déjà quelque chose.

*Unité de traduction dans laquelle figure le mot **chose**:*

9.   La popularité du premier ministre britannique, c'est une chose; sa politique économique, si dure pour les pauvres, en est une autre.

*Unité de traduction dans laquelle figure le mot **chose**:*

10.   Chose étrange, ce fut la publication des chiffres du chômage américain pour le mois de novembre qui fit fléchir le dollar.

*Unité de traduction dans laquelle figure le mot **chose**:*

11.　«Je ne comprends pas grand-chose à la politique internationale… — Bien que ces mesures soient souhaitables à long terme, à court terme elles risquent d'accroître la tension dans cette région.»

*Unité de traduction dans laquelle figure le mot **chose**:*

12.　«Zut alors! J'avais promis à André de l'aider à déménager lundi prochain; mais j'ai l'impression qu'il me sera impossible de trouver le temps! — Chose promise, chose due.»

*Unité de traduction dans laquelle figure le mot **chose**:*

EXERCICE XXVIIB

Le mot passe-partout THING et les unités de traduction

First Things First

Avant de traduire chacune des phrases suivantes, relevez l'unité de traduction dans laquelle figure le mot *thing*.

MODÈLE

Look, I really can't come, and I've already said I'm sorry; please don't make a big thing of it.

*Unité de traduction dans laquelle figure le mot **thing**:* to make a big thing of sthg

Écoute, je ne peux vraiment pas venir, et   (j'ai déjà dit que je le regrette; n'en fais pas toute une
                                    (je me suis déjà excusé; n'en fais pas tout un plat,

(histoire, je t'en prie.
(je t'en prie.

1.   What a day! We were planning to paint the kitchen, but we were interrupted so many times that we didn't get a thing done.

      *Unité de traduction dans laquelle figure le mot **thing**:*

2.   "Why wasn't Paul elected?" "For one thing, the other candidate was very skilful; and for another, Paul did not have enough financial backing."

      *Unité de traduction dans laquelle figure le mot **thing**:*

3.   It's no use shouting, the poor old thing won't hear you: she's stone-deaf.

       *Unité de traduction dans laquelle figure le mot **thing***:

4.   Jeannette was not injured in the accident, but it was a near thing: her car is a total loss.

       *Unité de traduction dans laquelle figure le mot **thing***:

5.   Dry white wine is all the thing these days, both in Canada and in the U.S.

       *Unité de traduction dans laquelle figure le mot **thing***:

6.   The day before yesterday, the elevator was out of order; yesterday, the washing-machine wouldn't work; and now they tell me the phone won't be fixed until Thursday: it's just one thing after another.

       *Unité de traduction dans laquelle figure le mot **thing***:

226

7.   As soon as he learned the terms of the contract, the actress's lawyer told her that the best thing would be to turn it down.

*Unité de traduction dans laquelle figure le mot **thing**:*

8.   No matter what the Prime Minister said, it was obvious that, all things being equal, this measure would cause unemployment in many industries.

*Unité de traduction dans laquelle figure le mot **thing**:*

9.   In spite of the fact that the dangers of smoking have been known for more than twenty years, many Canadians, especially young women, still think smoking is one of the good things in life.

*Unité de traduction dans laquelle figure le mot **thing**:*

10.   "Don't be silly, it's only a spider!" "Yes, but it's a huge spider and it's in my bathtub; besides, I have a thing about spiders."

*Unité de traduction dans laquelle figure le mot **thing**:*

11. First thing in the morning, my cousin Aline will bring her children over, and they'll spend the day with us while their mother is at the hospital.

    *Unité de traduction dans laquelle figure le mot **thing**:*

12. I'm convinced you are right in saying people should express their political views; but I am no less convinced that you are taking this thing too seriously.

    *Unité de traduction dans laquelle figure le mot **thing**:*

EXERCICE XXVIIIA

Les divers équivalents de WILL, WOULD, etc.

Comme tout le monde le sait, en tant qu'auxiliaires, les formes *will* (*I'll, he'll, we'll, you'll, they'll*), *will not* (*won't*) expriment souvent le futur du verbe principal.

De même, en tant qu'auxiliaires, les formes *would* (*I'd, they'd*, etc.), *would not* (*wouldn't*) expriment souvent le conditionnel du verbe principal.

Cependant, *will* et *would* peuvent également:

1.   exprimer une action habituelle:

    i.   Quand il fait froid, elle reste souvent assise auprès du feu pendant des heures.
In the cold weather, she will often sit by the fire for hours on end.

    ii.   Quand elle vivait à Paris, elle allait au cinéma le dimanche après-midi.
When she lived in Paris, she would go to the movies on Sunday afternoons.

2.   exprimer une tendance habituelle ou inévitable:

    Il faut que jeunesse se passe.
Boys will be boys.

3.   exprimer une caractéristique, une capacité:

    Cette salle peut contenir 1 500 spectateurs.
(This theatre will hold an audience of 1,500.
(That

4.   exprimer une probabilité:

    J'entends sonner à la porte : ce sera Jean.
I hear the doorbell : that'll be John.

5.   exprimer le consentement ou, au négatif, le refus:

    i.   Voulez-vous bien ouvrir la fenêtre?
Will you open the window?

    ii.   Voudriez-vous bien ouvrir la fenêtre?
Would you open the window?

    iii.   Paul refuse de lire ce roman.
Paul won't read this novel.

iv.　Je lui ai demandé de le faire, mais 　　(elle n'a pas voulu.
　　　　　　　　　　　　　　　　　　　　　　(elle a refusé.

　　I asked her to do it, but she wouldn't.

6.　exprimer le désir ou la volition:

　　Je tiens à ce que vous sachiez que c'est moi qui commande ici.
　　I'll have you know I'm in charge here.

Remarquez aussi que *will, would* sont parfois des verbes principaux qui expriment la volition, surtout dans un style archaïque ou littéraire:

i.　Dieu voulut qu'il en fût ainsi.
　　God willed that it be so.

ii.　Plût à Dieu qu'elle fût ici!
　　Would to God that she were here!

Trouvez, pour chacune des phrases suivantes, une traduction dans laquelle figure *will* (ou *I'll* etc.), *won't*, *would* ou *wouldn't*. Si vous voyez une autre possibilité, donnez-la également.

MODÈLE

Le chat parti, les souris dansent.

When the cat's away, the mice　(will play.
　　　　　　　　　　　　　　　(play.

1.　Pour conduire en ville, il est inutile d'avoir une voiture qui fait du 150 à l'heure.

2.　Enfant, elle écoutait, des heures durant, les contes de fées que son grand-père inventait à son intention.

230

3.   «Trop, c'est trop! Je ne lui adresserai plus jamais la parole! — Mais si! Ce n'est pas si grave que ça!»

4.   Au Canada, on prévoit que le nombre d'enfants appartenant à des familles monoparentales ne fera qu'augmenter.

5.   À chaque fois, sa mère essaya de le conseiller sur le choix de ses cours; mais il insista toujours pour n'en faire qu'à sa tête.

6.   Il n'est guère fréquent qu'un éminent professeur d'université, spécialiste de psychologie, participe à une causerie télévisée.

7.   «Son frère a décidé d'aller à Paris et de descendre à l'hôtel Ritz... — C'est bien de lui!»

8. En Allemagne, il est depuis longtemps admis que le double vitrage vous isole non seulement du froid mais aussi du bruit.

9. Nous sommes arrivés à Ottawa trois heures plus tard que prévu: il a fallu prendre le train parce que la voiture ne voulait pas démarrer.

10. «Ouf! On a retrouvé mon portefeuille! — Et tu ne le perdras plus, n'est-ce pas? Tu promets de faire plus attention à l'avenir?»

11. «Qui l'aurait cru? demanda-t-il, incrédule. La nouvelle Constitution du Canada ne précise pas que le gouverneur général doit être bilingue.»

12. «Cet enfant va pleurer de dépit si on ne l'emmène pas au restaurant... — Mais pas du tout! Tu verras: il sera très content de rester avec la gardienne.»

EXERCICE XXVIIIB

Les problèmes posés par WILL, WOULD, etc.

En vous rappelant les divers sens des formes *will*, *would*, etc. indiqués en tête de l'exercice XXVIIIA, ainsi que leurs équivalents français, traduisez les phrases suivantes. Vous tiendrez compte du niveau de langue.

MODÈLE

The door *won't open*; I wonder why.

La porte   *(refuse de s'ouvrir*; je me demande pourquoi.
                (ne s'ouvre pas;

1.   "The bridesmaids will arrive a week today, will they?" "Yes, they will, if all goes well."

2.   My cousin is so absent-minded that he'll sometimes go to the airport and leave his plane ticket at the hotel.

3.   The Minister of Health can easily solve this problem — if he will.

4.   We'd have had a better time in England last August if it hadn't been so cold and wet.

5.   "Be quiet for a minute, dear!" exclaimed Mme Janet. "Jean-Luc, will you be quiet!"

6.   "How old is your friend's grandfather?" she asked. He thought for a moment. "I'm not sure…
        He'll be eighty or eighty-five, I think."

7.   "I hear a noise…" She looked at me, worried. "So do I; it'll be the postman, won't it?"
        "I suppose so…"

8.   "I'd show you my latest slides," my father would say when we went home for the holidays,
        "if I had a better projector…"

9.   Then the good fairy asked the young prince what he would have her do.

234

10.   I'd cash a traveller's chèque if I knew where the exchange bureau was and when it was open.

11.   "I'm sorry, Ma'am, there's nothing I can do: your son apparently forgot to confirm his reservation." "He *would!*"

12.   If that beautiful gold watch were mine, I'd wear it every day.

13.   The first article would be followed, he said, by five others dealing with the most notable aspects of this changing society.

14.   She frowned. "You can say what you like, but no-one will believe you left your passport on the bus!"

EXERCICE XXIXA

Le verbe: emploi des temps, des modes et des voix

Avant de traduire en anglais les phrases suivantes, indiquez le temps (et, là où cela présente un intérêt particulier, le mode ou la voix) de chaque verbe en italique. Ensuite, indiquez la valeur de ce temps dans le contexte. Enfin, indiquez l'équivalent anglais. (Attention! Le temps du verbe anglais ne correspondra pas forcément à celui du français.)

Avant de commencer, consultez les *Remarques sur les temps du verbe* (pp. xi-xv). Pour plus de renseignements, vous pouvez consulter aussi Grevisse, Goosse (1995) (pp. 281-299) ou Mauger (1968) (§§480-561).

MODÈLE

Elle a du pain sur la planche en ce moment: on *devrait* lui donner un coup de main!

Temps: conditionnel présent
Valeur: devoir, au conditionnel présent, exprime une suggestion.
Équivalent anglais: L'auxiliaire *ought* + infinitif; ou *should* + infinitif (sans *to*).

She's really got a lot   (on her plate at the moment: we   (ought to give her a hand!
                   (to do   (should give

Traduisez en anglais en tenant compte du niveau de langue et des unités de traduction:

1. «*Accepteriez-vous* de faire du bénévolat? demanda-t-elle. — Du bénévolat? Vous voulez rire!»

 Temps:
 Valeur dans le contexte:
 Équivalent anglais:

2. *Mettre* deux cuillerées à soupe d'huile d'olive dans une grande poêle et faire dorer les tranches de porc à feu vif.

 Temps et mode:
 Valeur du temps dans le contexte:
 Équivalent anglais:

3.   Selon un porte-parole de la Banque nationale, les données rendues publiques hier par Statistique Canada *indiqueraient* la fin de la récession.

        Temps:
        Valeur dans le contexte:
        Équivalent anglais:

4.   Un incendie *s'est déclaré* mardi en fin de journée dans la forêt à une dizaine de kilomètres de Narbonne.

        Temps et mode:
        Valeur du temps dans le contexte:
        Équivalent anglais:

5.   Le 9 novembre 1991 à 13 h 10, Yves Montand, qui, pendant cinq décennies avait mené de front une double carrière de chanteur et d'acteur, *mourait* à l'hôpital de Senlis.

        Temps:
        Valeur dans le contexte:
        Équivalent anglais:

6.   Un jour, pour des raisons qu'il était seul à connaître, le propriétaire fit abattre les chênes qui *entouraient* sa maison.

        Temps:
        Valeur dans le contexte:
        Équivalent anglais:

7. La décision de fermer l'ambassade *a été* bien *accueillie* par les milieux politiques, et particulièrement par l'opposition.

    Temps et voix:
    Valeur dans le contexte:
    Équivalent anglais:

8. *Veuillez* placer le dossier de votre siège en position verticale pour l'atterrissage.

    Temps et mode:
    Valeur du temps dans le contexte:
    Équivalent anglais:

9. Certains affirment que le président des États-Unis *n'aurait pas dû* assister au sommet du G8 qui s'est tenu à Évian au début du mois de juin.

    Temps:
    Valeur dans le contexte:
    Équivalent anglais:

10. Il était évident que les résistants ne tiendraient pas le coup beaucoup plus longtemps: on *venait* de leur couper les vivres.

    Temps:
    Valeur dans le contexte:
    Équivalent anglais:

238

11.　«Mon cousin demeure à quatre pas d'ici! s'exclama-t-elle. Si on lui *rendait* visite?»

Temps:
Valeur dans le contexte:
Équivalent anglais:

12.　Éteins dans ma chambre quand tu *monteras*, s'il te plaît.

Temps:
Valeur dans le contexte:
Équivalent anglais:

EXERCICE XXIXB

Le verbe: emploi des temps, des modes et des voix

Avant de traduire en français les phrases suivantes, indiquez le temps (et, là où cela présente un intérêt particulier, le mode ou la voix) de chaque verbe en italique. Ensuite, indiquez la valeur de ce temps dans le contexte. Enfin, indiquez l'équivalent français. (Attention! Le temps du verbe français ne correspondra pas forcément à celui de l'anglais, parce qu'il arrive que la logique ou la structure française dicte le choix du temps.)

MODÈLE

Anne and I *have* always *got along* awfully well together.

Temps: passé composé

Valeur dans le contexte: exprime une action qui a commencé dans le passé et qui continue à présent

Équivalents français: présent + *depuis* et expression de temps; passé composé + expression de temps

Anne et moi,   (*nous nous entendons* à merveille *depuis toujours.*
                 (*on s'entend*
                 (*nous nous sommes* toujours très bien *entendu(e)s.*

Traduisez en français:

1.   If you had spoken to your lawyer at once, he *would have solved* the problem.

       Temps:
       Valeur dans le contexte:
       Équivalent français:

2.   "*Will you have* a drink before dinner?" the waitress asked, obviously pleased to see the young men again.

       Temps:
       Valeur dans le contexte:
       Équivalent français:

3. I hear he has cancelled all his lectures: he *must* be ill, otherwise he would never do such a thing.

    Temps:
    Valeur dans le contexte:
    Équivalent français:

4. It *is believed* that drug traffickers were behind the assassination of Senator Galan, a candidate for the Colombian presidency.

    Temps et voix:
    Valeur dans le contexte:
    Équivalent français:

5. "Tell us what your little boy is going to do when he *grows up*," she insisted, her eyes twinkling mischievously.

    Temps:
    Valeur dans le contexte:
    Équivalent français:

6. The refugees we talked to *are thinking* of only one thing: settling in Germany.

    Temps:
    Valeur dans le contexte:
    Équivalent français:

7.   "Get that down for me in black and white," he *had said* to his secretary. "We'll discuss it again later."

       Temps:
       Valeur dans le contexte:
       Équivalent français:

8.   She *was waiting* for us outside the travel agency, with her raincoat over her arm.

       Temps:
       Valeur dans le contexte:
       Équivalent français:

9.   *Have* a good holiday — and don't waste all your time writing postcards!

       Temps et mode:
       Valeur dans le contexte:
       Équivalent français:

10.   It was a real stroke of luck that she won that scholarship, because her whole family *had been getting by* on very little money for years.

       Temps:
       Valeur dans le contexte:
       Équivalent français:

11.   "I nearly died laughing," she said.   "That's definitely the funniest story I've ever heard!"

      Temps:
      Valeur dans le contexte:
      Équivalent français:

12.   They *knew* it would be easy to get about in Toronto without a car, because even in those days public transportation was excellent.

      Temps:
      Valeur dans le contexte:
      Équivalent français:

EXERCICE XXXA

La mise en relief

La mise en relief[1] est l'action qui consiste à faire ressortir un élément de la phrase.

Les procédés de mise en relief:

1.   La répétition

EXEMPLE:

Cette maladie est très grave devient, avec mise en relief: *Cette maladie est **très, très** grave.*

2.   La répétition plus le renforcement

EXEMPLE:

C'est beau devient, avec mise en relief: *C'est beau, **vraiment beau.***

3.   Le renforcement seul

EXEMPLE:

Il est doué devient, avec mise en relief: *Il est **incroyablement** doué.*

4.   Le détachement

EXEMPLE:

Il montait l'escalier très lentement devient: *Il montait l'escalier, **très lentement.***

5.   Le déplacement et le détachement

Le plus souvent, cependant, le détachement s'emploie avec le déplacement.

EXEMPLE:

Il montait l'escalier très lentement devient: ***Très lentement**, il montait l'escalier.*

---

[1] Le «chapeau» de cet exercice est basé en partie sur Grevisse, Goosse (1995), §152.

6.   Le déplacement, le détachement et la redondance[2]

    i.   Pour mettre un nom en relief au moyen du déplacement et du détachement, on doit également recourir à la redondance: un pronom remplace le nom mis en relief.

    EXEMPLE:

    Cette maison est très jolie devient: ***Cette maison, elle*** *est très jolie.*

    ii.   Pour mettre un adjectif en relief au moyen du déplacement et du détachement, on doit également avoir recours à la redondance: il faut un pronom pour prendre, dans la phrase, la place de l'adjectif.

    EXEMPLE:

    Il est intelligent devient: ***Intelligent, il l'est.***

7.   Le détachement en tête de phrase au moyen de l'introducteur *c'est ... qui, c'est .... que*

    i.   On utilise *c'est ... qui* quand le sujet de la phrase est mis en relief.

    EXEMPLE:

    Thomas est venu devient: ***C'est Thomas qui*** *est venu.*

    ii.   On utilise *c'est .... que* quand un autre élément est mis en relief. Par exemple, on peut mettre en relief un complément circonstanciel de temps.

    EXEMPLE:

    Il va à Montréal la semaine prochaine devient: ***C'est la semaine prochaine qu'***il va à Montréal.*

    iii.   *C'est ... qui, c'est ... que* varient en nombre.

    EXEMPLE:

    Mes frères vont venir devient: ***Ce sont mes frères qui*** *vont venir.*

    iv.   Quand on met en relief un pronom personnel atone au moyen de ces introducteurs, on le remplace par un pronom tonique.

    EXEMPLES:

    *Je **l'**admire* devient: *C'est **elle** que j'admire.*

    *Je **leur** ai écrit* devient: *C'est **à eux** que j'ai écrit.*

---

[2] La redondance diffère de la répétition en ce que le mot lui-même n'est pas répété; c'est le concept qui est exprimé deux fois dans la phrase, une fois par le nom ou l'adjectif même, une autre fois par le pronom qui le représente.

8.   L'inversion

Pour mettre en relief l'attribut du sujet, on peut utiliser l'inversion.[3]

EXEMPLE:

Ceux qui ont le courage d'avouer qu'ils se sont trompés sont rares devient:
Rares sont ceux *qui ont le courage d'avouer qu'ils se sont trompés.*

Avant de traduire chacune des phrases suivantes, indiquez l'élément qui est mis en relief et le procédé qu'on a utilisé pour le mettre en relief. Ensuite, traduisez, en essayant de mettre le même élément en relief grâce à un procédé stylistique courant en anglais.

MODÈLE

C'est peu avant midi qu'un incendie s'est déclaré non loin de Marseille.

Élément mis en relief: peu avant midi
Procédé utilisé: le détachement en tête au moyen de l'introducteur *c'est ... que*

It was shortly before noon when a fire broke out not far from Marseille.

1.   J'eus vite fait de découvrir que l'antiquaire avait raison: l'armoire était lourde, beaucoup plus lourde que je ne l'avais cru.

        Élément(s) mis en relief:
        Procédé(s) utilisé(s):

2.   Grièvement blessé dans l'accident, un vacancier de quinze ans est mort dans l'ambulance qui le transportait à l'hôpital.

        Élément(s) mis en relief:
        Procédé(s) utilisé(s):

---

[3] L'inversion diffère du déplacement en ce que deux éléments de la phrase changent de place, l'un prenant la place de l'autre. Dans le déplacement, un seul élément change de place.

246

3.   Cela fait huit jours que les représentants des grévistes s'affirment prêts à négocier avec le gouvernement.

       Élément(s) mis en relief:
       Procédé(s) utilisé(s):

4.   Il affirme qu'il a donné sa démission, mais la vérité, c'est qu'il a été licencié.

       Élément(s) mis en relief:
       Procédé(s) utilisé(s):

5.   C'est le 22 novembre 1963 que le président John Fitzgerald Kennedy fut assassiné à Dallas.

       Élément(s) mis en relief:
       Procédé(s) utilisé(s):

6.   Efficace, elle l'est; dommage que l'humour ne soit pas son point fort!

       Élément(s) mis en relief:
       Procédé(s) utilisé(s):

7.   Ce n'est que dernièrement que les pays industrialisés ont commencé à prendre au sérieux le besoin de protéger la couche d'ozone.

Élément(s) mis en relief:
Procédé(s) utilisé(s):

8.   Depuis quelque temps, on constate en Grande Bretagne une très nette remontée de l'inflation.

Élément(s) mis en relief:
Procédé(s) utilisé(s):

9.   Plus de mille morts et 28 millions de sans-abri: voilà le bilan des inondations catastrophiques au Bangladesh.

Élément(s) mis en relief:
Procédé(s) utilisé(s):

10.   Un vrai délice, votre saumon fumé! Je n'en ai jamais goûté d'aussi bon.

Élément(s) mis en relief:
Procédé(s) utilisé(s):

11.   Il éclata de rire. «Drôle de question! Bien sûr qu'on a un site Web, comme toutes les entreprises de pointe!»

Élément(s) mis en relief:
Procédé(s) utilisé(s):

12.   Il lui ferma la porte au nez. Lentement et comme à regret, elle s'éloigna.

Élément(s) mis en relief:
Procédé(s) utilisé(s):

EXERCICE XXXB

La mise en relief

Avant de traduire chacune des phrases suivantes, indiquez l'élément qui est mis en relief et le procédé qu'on a utilisé pour le mettre en relief.

En traduisant, vous essayerez de mettre le même élément en relief au moyen d'un procédé stylistique courant en français. Les précisions qui précèdent l'exercice XXXA vous aideront à le faire.

MODÈLE

The situation is worse than we thought and much worse than predicted.

Élément mis en relief: worse
Procédés utilisés: la répétition + le renforcement (l'adverbe *much*)

La situation est pire qu'on ne le croyait et nettement pire que prévue.

Traduisez, en tenant compte du niveau de langue et des unités de traduction:

1. "In Avignon," said Maigret as he lit his pipe, "in Avignon, we shall find the fugitive. Avignon is where he was born."

    Élément(s) mis en relief:
    Procédé(s) utilisé(s):

2. Keeping all the options open: that seemed to be the American approach to the hostage crisis.

    Élément(s) mis en relief:
    Procédé(s) utilisé(s):

250

3.   "Jeanne!" she exclaimed, exasperated. "It's you I'm talking to, not your father!"

        Élément(s) mis en relief:
        Procédé(s) utilisé(s):

4.   As Hamlet, as Richard III, as Henry V and as Othello, Laurence Olivier was remarkable, on both stage and screen.

        Élément(s) mis en relief:
        Procédé(s) utilisé(s):

5.   Just before the fortieth floor, the elevator stopped dead and the lights went out: never had she been so afraid.

        Élément(s) mis en relief:
        Procédé(s) utilisé(s):

6.   Apparently the Canadian Prime Minister was extremely anxious to be photographed with some of his European counterparts.

        Élément(s) mis en relief:
        Procédé(s) utilisé(s):

7.   The customs officers searched their luggage and their car, but didn't find a single thing.

Élément(s) mis en relief:
Procédé(s) utilisé(s):

8.   For the second time in four years, the region is experiencing a drought: not a drop of rain has fallen in three months.

Élément(s) mis en relief:
Procédé(s) utilisé(s):

9.   There, in the high Alpine pastures, grow the gentians and edelweiss that every tourist hopes to see.

Élément(s) mis en relief:
Procédé(s) utilisé(s):

10.   Its boulevards, its river, its elegant shops and especially its ancient churches make Munich a beautiful city.

Élément(s) mis en relief:
Procédé(s) utilisé(s):

252

11.   The key to the Bastille — an iron key approximately twenty centimetres long — was presented to the first American president by the French revolutionaries.

Élément(s) mis en relief:
Procédé(s) utilisé(s):

12.   Worried, the parents opposed their son's decision, kindly but firmly.

Élément(s) mis en relief:
Procédé(s) utilisé(s):